FORTUNY

SA VIE

SON ŒUVRE, SA CORRESPONDANCE

TIRÉ A PETIT NOMBRE.

Quelques exemplaires sur Chine, Whatman
et parchemin.

Héliogʳᵉ Amand-Durand. Imp. A. Durand_Paris.

PORTRAIT DE FORTUNY, D'APRÈS UN BUSTE DE TERRE CUITE.

Le dessin appartenant à Mʳ de Goyena.

Héliogre Amand-Durand. Imp. A. Durand. Paris.

PORTRAIT DE FORTUNY D'APRES UN BUSTE EN TERRE CUITE

Le dessin appartenant à Mr Federico de Madrazo.

BARON DAVILLIER

FORTUNY

SA VIE, SON ŒUVRE

SA CORRESPONDANCE

AVEC CINQ DESSINS INÉDITS EN FAC-SIMILE

ET

DEUX EAUX-FORTES ORIGINALES

A PARIS

CHEZ AUGUSTE AUBRY, ÉDITEUR

Libraire de la Société des Bibliophiles françois

18, Rue Séguier, 18

MDCCCLXXV

PRÉFACE

J'ai *eu le rare bonheur d'être l'ami intime d'un des plus grands artistes de notre temps, frappé inopinément à l'âge de trente-six ans, au moment où son merveilleux talent allait prendre un développement nouveau. La presse de tous les pays a été unanime, il y a quelques mois, à déplorer une perte si grande et si prématurée; mais un bon nombre des articles consacrés à Fortuny — j'en ai réuni plus de cent — ont été écrits à la hâte par des personnes qui ne le connaissaient pas, ou ne le connaissaient qu'imparfaitement. Je me sens incapable de juger un talent qui a produit dans le monde des arts une sensation si nouvelle, mais je veux essayer de faire connaître l'homme et l'artiste. J'ai été aidé dans cette tâche par la plupart de ceux qui furent ses amis, et à qui je dois le témoignage de ma reconnaissance. Je citerai d'abord ceux qui ont guidé ses premiers pas, M. Claudio Lorenzale et M. Buenaventura Palau, qu'il aimait tendrement, et qui veulent bien m'honorer de leur amitié. MM. Domingo Talarn, Escriu, son beau-frère, Juan Roig y Soler, Domingo Soberano, ont bien voulu aussi me fournir les renseignements les plus exacts. J'en dirai autant de ses amis et camarades de Rome : Simonetti, d'Épinay, Moragas, Tapiró, Ferrandiz, ainsi que de MM. W. Stewart, de Goyena, Rico; de M. de Madrazo, son beau-frère, qui ont bien voulu me confier les lettres de leur ami. Je les ai traduites ainsi que les miennes, et j'espère qu'on me saura gré de les avoir publiées, car elles font mieux connaître celui qui gagnait tant à être connu. Mme Fortuny a bien voulu m'aider aussi, et je la prie d'agréer l'hommage de mon travail comme un faible tribut à la mémoire d'un ami que je n'oublierai jamais.*

BARON DAVILLIER.

FORTUNY

I

1838 — 1858

Enfance de Fortuny. — Ses débuts à Reus. — Il part avec son grand-père pour Barcelone. — Il suit les cours de l'*Academia de Bellas Artes*, et entre dans l'atelier de Claudio Lorenzale. — Ses différents travaux : dessins sur bois, lithographies, etc. — Insurrection de Barcelone. — La *Diputacion provincial* (Conseil général) fonde un prix de Rome pour les jeunes peintres. — Fortuny obtient le prix. — Son départ pour Rome.

Reus est une petite ville de la province de Tarragone, à trois lieues de l'antique cité romaine. L'admirable fertilité de ses plaines, l'activité de ses habitants, race forte et laborieuse, en font un des centres les plus riches de la Catalogne. C'est à Reus que Mariano Fortuny naquit, le 11 juin 1838, à 6 heures du matin, dans la maison qui porte le nº 36 de la *calle del Arrabal de Robuster*[1]. Il commença son instruction dans

1. Voici la traduction littérale de l'extrait de baptême que j'ai sous

une école primaire tenue par D. Siméon Fort, *plaza del Castillo*. « Je fus son condisciple, m'écrit M. Juan Roig y Soler, de Barcelone, et je me souviens que déjà il s'amusait à faire des dessins pour ses camarades; aussi son maître le reprenait-il souvent lorsqu'il le surprenait occupé à dessiner au lieu d'écrire. Je ne crois pas qu'il eût encore reçu de leçons de dessin. » Son grand-père, qui s'appelait également Mariano Fortuny, menuisier de son état, homme ingénieux et très-habile, avait un cabinet de figures de cire tournantes, avec lequel il parcourait les environs de Tarragone et de Lérida. Le jeune Mariano aidait son grand-père, qu'il aimait tendrement. Quelquefois, quand il me parlait de lui, les larmes lui venaient presque aux yeux; il était loin, du reste, de rougir de ces souvenirs de son enfance, et en parlait volontiers à ses amis les plus intimes. Je me souviens que lors du dernier voyage que nous fîmes ensemble, — c'était à Londres, le 4 juin 1874, nous venions de visiter le cabinet de Mme Tussaud, — comme nous descendions l'escalier, il me frappa sur l'épaule et me dit en riant : « Et moi aussi, dans le temps, j'ai peint de ces figures-là. » Il racontait aussi

les yeux : « Le onze juin mil huit cent trente-huit, sur les fonts baptismaux de l'église paroissiale de S. Pierre Apôtre, de la ville de Reus, archevêché de Tarragone, a été solennellement baptisé par moi, le licencié Juan Yxart, prêtre vicaire de cette église, MARIANO JOSÉ-MARIA BERNARDO, né ce jour, à six heures du matin, des époux *Mariano Fortuny*, menuisier, et *Teresa Marsal*... *Signé* : JUAN YXART... »

à ses amis d'autres souvenirs d'enfance : par exemple, qu'il lui était arrivé de coucher sous les tables de la *Pescadería,* et qu'il avait grand'peur quand le *sereno* venait à passer, ou que des chiens errants s'approchaient de lui.

Vers 1847, il avait à peine neuf ans, il quitta l'école primaire et bientôt suivit les cours d'une école publique de dessin qui venait d'être fondée à Reus. Peu de temps après, M. Domingo Soberano, qui avait un goût prononcé pour la peinture, le prit avec lui et encouragea ses dispositions naissantes. Pendant plusieurs années, Mariano passa chaque jour quelques heures chez le jeune peintre amateur. Parmi les tableaux qu'il avait déjà peints à l'âge de douze ans figurent un certain nombre d'ex-voto qu'il faisait pour gagner un peu d'argent; la plupart représentaient Notre-Dame *de la Misericordia* de Reus. Un amateur de Barcelone en possède un représentant un navire. Plus tard, en souvenir de ces travaux de son enfance, il s'amusa à en peindre un *en charge,* et me le montra dans son atelier.

C'est à l'âge de quatorze ans que Fortuny quitta Reus pour Barcelone, accompagné de son grand-père, dont l'ambition était de lui faire suivre les cours de l'Académie. Mon regrettable ami m'a lui-même raconté ce voyage, qui fut long et fatigant, car, pour ménager leur pécule, ils firent à pied le long trajet de plus de vingt lieues, au lieu de prendre la diligence. L'excellent vieillard avait recommandé son petit-fils à M. Roig y Soler; celui-ci le fit présenter à M. Domingo Talarn, sculpteur : c'était en septembre 1852. On fit voir à cet artiste trois petites toiles, dont une représentait un pèlerin très-connu dans le pays, montrant une petite chapelle (de ceux qu'on appelle en Espagne *santeros*), et les deux autres des paysages; on lui dit qu'elles étaient l'ouvrage d'un pauvre enfant orphelin. Étonné de ses dispositions précoces, M. Talarn chercha à lui procurer les moyens de suivre les cours de l'Académie; il y réussit, grâce à l'aide du P. Man. Font et de deux prêtres, dont l'un, M. Felipe Vergés, vit encore. Ces respectables ecclésiastiques avaient été chargés par testament d'employer des fonds en œuvres de bienfaisance. Depuis le 1er janvier 1853 jusqu'au commencement de l'année 1857, ils payèrent à l'orphelin une pension mensuelle de 160 réaux (42 francs), sans compter les frais d'enseignement.

C'est le 3 octobre 1853 que le jeune Mariano fut inscrit sur les registres de l'*Academia de Bellas Artes* de Barcelone, dont il suivit les cours jusqu'à la fin de l'année 1856. Il travaillait en même temps dans l'atelier de M. Claudio Lorenzale, peintre distingué qui suivait les traditions d'Overbeck; toute sa vie il conserva une vive affection pour son premier maître, dont il ne manquait jamais de me parler en me racontant ses débuts, et c'est à sa recommandation que je dus l'excellent accueil que M. Lorenzale voulut bien me faire à Barcelone. M. Pablo Milá y Fontanals était son professeur d'esthétique et de composition à l'Académie : quelquefois il chargeait ses élèves de juger entre eux leurs ouvrages; il leur rappela, au sujet de Fortuny, le mot de Haydn, parlant de Mozart : « Ce jeune homme nous étonnera tous. » Ce jugement causa des jalousies dans l'Académie, à tel point que M. Milá dut donner sa démission, au grand regret de ses élèves, qui lui offrirent un album comme preuve de leur estime.

Cependant la pension que touchait le jeune peintre ne suffisait pas à le faire vivre : afin d'augmenter un peu ses faibles ressources, il enluminait des photographies ou faisait des dessins pour les architectes et les bijoutiers, sans préjudice de quelques portraits. Le dimanche, il partait de bonne heure et allait dessiner d'après nature dans les environs de la ville. Son camarade José Tapiró, notre ami commun, l'accompagnait dans ses excursions. Un matin qu'il allait le chercher à cinq heures, il le trouva endormi, la porte ouverte, et comme il lui en faisait l'observation : « Nous ne la fermons pas, lui dit Fortuny, pour voir si les voleurs sauront où est notre argent, car pour nous, nous n'en savons rien. » Un autre jour qu'ils avaient été avec quelques amis faire une partie de bateau en dehors du Môle, tous se jetèrent à la mer, à l'exception de Tapiró ; Fortuny, à bout de forces, allait se noyer ; son ami n'eut que le temps de s'approcher avec la barque et de le saisir par les cheveux.

En 1854, le choléra ayant éclaté dans Barcelone, il se rendit à Reus, puis à Berga et à Queralt, dans une des parties les plus montagneuses de la Catalogne, aujourd'hui au pouvoir des carlistes. De retour à Barcelone, il obtint, grâce à la protection de M. Talarn, marguillier de *San-Agustin*, à l'occasion des fêtes de l'Immaculée Conception, la commande d'une *gloire* destinée à couvrir toute l'étendue du maître-autel. Cette vaste composition, qu'il avait peinte à la détrempe, aidé pour la partie technique des conseils d'un décorateur de théâtre, représentait le Père Éternel entouré d'un grand nombre d'anges. Elle n'existe plus aujourd'hui (je crois qu'elle a péri dans un incendie); mais M. Galcerán, de Barcelone, en possède une ébauche d'un mètre de large. On admira beaucoup cette peinture, et le succès qu'elle obtint suggéra à la *Diputacion* l'idée, réalisée un peu plus tard, de fonder un prix de Rome pour encourager les jeunes artistes. L'année suivante, il peignit à Barcelone une toile ($1^{m}20$ de haut sur $0^{m}80$ de large), *l'Apparition de la Vierge de la Miséricorde,* avec sept médaillons entourant le tableau et représentant les œuvres de la miséricorde; il l'offrit à M. Soberano, de Reus, qui la possède encore.

C'est en cette année 1855 que Fortuny vit pour la première fois des lithographies de Gavarni : une suite de six portraits en pied, publiée en 1853 sous le titre de *Célébrités contemporaines,* et représentant, entre autres personnages, Decamps, J.-B. Isabey et Alfred de Musset. Ces dessins, empreints d'une réalité si vivante, frappèrent beaucoup le jeune artiste, et il les copiait continuellement, ce qui causa un grand scandale dans l'Académie et lui attira beaucoup de plaisanteries de la part de ses camarades. Peu de temps après, un de ses amis lui prêtait d'autres lithographies de Gavarni portant également la date de 1853. La vue de ces nouveaux dessins augmenta encore son ardeur à rechercher partout, au théâtre, dans les promenades, dans les rues, les types et les scènes populaires : c'était ce qu'il appelait « pêcher des types » — *pescar tipos;* il en remplissait ses albums, et parmi ses amis de cette époque il n'en est guère qui ne possède quelques-uns de ces croquis. Il exécuta en 1855, pour le concours de l'Académie, une grande composition représentant *Saint Paul parlant devant l'Aréopage d'Athènes*, et, l'année suivante, *Charles d'Anjou, sur la plage de Naples, témoin de l'incendie de ses vaisseaux par Roger de Lauria.* J'en ai vu une esquisse dans l'atelier de M. Lorenzale. Rien n'annonce encore dans ces compositions, ni dans les dessins et lithographies dont je parlerai bientôt, le talent si original qu'on devait admirer plus tard.

Pendant l'insurrection de Barcelone, en 1856, Fortuny courut de grands dangers : la *calle de San-Rafael,* où il demeurait, était occupée par les émeutiers. Cela ne l'empêchait pas de dessiner, et comme il s'était avancé sur un balcon pour mieux voir, un *mozo de la escuadra* tira sur lui, et il entendit siffler la balle. Bientôt la maison, ayant été occupée par les insurgés, fut criblée de projectiles par la troupe, et les habitants n'eurent que le temps de fuir. A la suite de ces tristes événements il fut pris de découragement ; il faisait si peu de cas de ses ouvrages qu'il voulait les brûler et laissait les premiers venus prendre ses albums et ses dessins, ce qui faisait dire à son grand-père : « Puisqu'il détruit ses enfants, il ne me reste qu'à manger les miens. » Et il prenait les bras d'une de ses figures de cire, qu'il allait vendre pour acheter le dîner.

Le 24 novembre de la même année, Fortuny commença à prendre part au concours nouvellement institué par la *Diputacion provincial* pour le prix de *pensionado en Roma.* C'est vers ce temps qu'il dessina sur bois pour la *Galería Seráfica* ou *Vida de*

San Francisco de Asis[1] un certain nombre de sujets d'après Viladomat, représentant des scènes de la vie de ce saint. Passant du sacré au profane, il fit aussi dix lithographies pour une traduction d'un roman d'Alexandre Dumas fils, *les Trois Hommes forts,* publiée à Barcelone en 1857, dans le format in-8°, sous le titre de : *El Mendigo hipócrita* (le Mendiant hypocrite). Ces planches n'annoncent pas le talent de dessinateur qu'il devait montrer plus tard. En revanche, il en est une, celle intitulée *el Conde Federico,* fort intéressante, parce qu'elle est le portrait de l'artiste à l'âge de dix-huit ans. Bien des fois il m'a dit, en me parlant de ce qu'il appelait des « péchés de jeunesse », qu'il voudrait que tous les exemplaires en fussent détruits. Il y a de plus quelques autres lithographies que je n'ai pu voir.

Mentionnons encore quelques dessins pour le *Don Quichotte*, qui n'ont pas été gravés, et parmi lesquels figurait l'épisode des moulins à vent; d'autres pour un livre de piété, et un grand dessin qui a été gravé en taille-douce à Barcelone en 1858, par E. Lechard. Cette planche mesure 50 centimètres, de haut sur 33 de large, et porte le titre de

1. Barcelone, 1857, 2 vol. in-8°. Cet ouvrage contient 50 gravures sur bois d'après des tableaux peints pour le couvent de *San-Francisco* par Antonio Viladomat, de Barcelone (1673-1755). Fortuny, regardant un jour ces gravures avec moi, me dit qu'il ne se rappelait pas quels étaient les dessins qu'il avait mis sur bois.

Milagrosa imágen de la Santísima Vírgen de Queralt, Patrona y singular Protectora de la Real Villa de Berga. On voit au premier plan un berger en extase et une femme couronnée tenant l'écusson de Berga; au fond, l'ermitage au sommet d'une montagne, et au-dessus, une *gloire* avec un chœur d'anges entourant la *Vírgen de Queralt,* richement vêtue à la manière des vierges espagnoles. Il fit encore un autre dessin qui fut gravé à Madrid en 1858, par Domingo Martinez, pour le diplôme de membre de l'Académie de San-Miguel, fondée par le P. Claret, et dont le but était de contribuer, au moyen de l'Art, au triomphe de la Religion. Je n'ai pas vu cette gravure, mais M. Lorenzale m'écrit qu'elle représente une allégorie avec de nombreuses figures : au centre, l'Immaculée Conception; au-dessus, la Trinité; aux pieds de la Vierge, un chœur d'anges et de saints; en bas, un grand portail gothique, avec saint Michel, etc.

C'est le 6 mars 1857 que le prix de Rome fut décerné à l'unanimité à Fortuny. Le sujet du concours était: *Raymond Béranger III clouant l'écu de Barcelone sur la tour du château de Foix.* La pension, qui montait à 8,000 réaux (environ 2,080 francs) par an, était payable pendant deux années; le pensionnaire devait envoyer six figures dessinées d'après nature : une à l'huile, la copie d'un tableau ancien;

dans le dernier mois de la pension, six figures semblables et un tableau à l'huile représentant un sujet de l'histoire de Catalogne. On fit savoir au jeune lauréat qu'il était libre de se rendre à Rome; mais il dut faire valoir les raisons qui l'obligeaient à retarder son départ. Outre que son aïeul, qu'il regardait comme un père, était gravement malade, il ne pouvait s'éloigner avant d'avoir satisfait à la conscription militaire : or il n'avait pas de quoi se racheter. Son aïeul avait fait demander à la *Diputacion,* mais sans pouvoir l'obtenir, la caution nécessaire pour qu'il eût le droit de partir; Fortuny se décida à se rendre à Reus, où il se mit à faire des portraits à l'huile, afin de réunir un peu d'argent tant pour les frais de son voyage que pour laisser un petit pécule à son grand-père. En outre, la *Diputacion* lui fit savoir, le 12 septembre, qu'elle mettait à sa disposition un trimestre de la pension, et M. Andrés de Bofarull, son compatriote, lui avança les 6,000 réaux dont il avait besoin pour s'exempter du service. Il fit donc ses adieux à ses parents et à ses amis, et partit pour Rome le 14 mars 1858.

II

1858 — 1863

Arrivée de Fortuny à Rome. — Sa lettre à M. Lorenzale. — Ses premiers travaux et ses envois. — Il fréquente *l'académie de Gigi*. — Mort de son grand-père. — La *Diputacion* de Barcelone lui propose de suivre au Maroc l'armée espagnole d'expédition. — Arrivée de Fortuny à Tétouan. — Bataille de Wad-Ras (Tétouan). — Dangers qu'il court : il est pris par les Mores du Riff. — Ses études sur le champ de bataille. — La *Diputacion* lui adresse à Rome ses félicitations. — Réponse de Fortuny. — Son second voyage au Maroc. — Il retourne à Rome en s'arrêtant à Barcelone et à Reus.

FORTUNY arriva à Rome le 19 mars 1858. Le lendemain même il écrivait à son grand-père pour lui annoncer son heureuse arrivée. « Rome, lui disait-il dans sa lettre, m'a produit l'effet d'un vaste cimetière visité par des étrangers. » Il n'oubliait pas non plus son professeur. « Bien que fort jeune encore, m'écrivait ce dernier (il n'avait pas vingt ans), il était déjà à même de choisir sa voie. » La lettre suivante, écrite quelques semaines plus tard à M. Lorenzale, et que je tiens de lui, justifie l'opinion qu'il avait de son élève.

Rome, 3 mai 1858.

Mon très-estimé maître, après vous avoir donné le salut, je désire que cette lettre vous trouve en bonne santé, en compagnie de votre chère famille.

J'espère que vous me pardonnerez de ne pas vous avoir écrit depuis un mois que je suis à Rome; mais j'ai cru qu'il valait mieux attendre ce temps pour pouvoir vous dire mes impressions sur cette grande ville.

Ce que j'ai admiré par-dessus tout, ce sont les fresques de Raphaël au Vatican, particulièrement le *Parnasse*, l'*École d'Athènes*, la *Dispute du Saint Sacrement* et l'*Incendie du Borgo*. Les autres maîtres ne m'ont pas fait l'impression à laquelle je m'attendais. Pour ce qui est d'un tableau bien peint, je préfère à tous les autres un portrait d'Innocent X, par Velazquez.

Je sais qu'il faut beaucoup de prudence dans le choix que chacun doit faire de ce qu'il lui convient d'étudier, car, à cause de la quantité même de moyens qu'on a, il est facile de rétrograder au lieu d'obtenir de bons résultats. Je dis cela parce que je suis découragé de voir combien peu profitent parmi le grand nombre de peintres qui passent des mois entiers dans les galeries, copiant les grands maîtres, et qui ensuite ne savent pas dessiner une figure de mémoire!

Suivant ma manière de voir, ceux qui profitent le plus sont les pensionnaires allemands. En général, les Espagnols peignent très-bien les études d'après nature, mais leurs compositions sont tout à fait mauvaises. Telle est l'opinion que je me suis faite sur leurs tableaux.

Considérant tout cela, je reconnais beaucoup mieux maintenant la valeur de vos conseils, et j'espère les mettre à profit pour ne pas m'égarer dans un labyrinthe d'erreurs.

Ces jours derniers, j'ai été faire une visite à M. Overbeck, et le portier m'a dit que je devais renoncer à le voir, parce qu'il était si dangereusement malade qu'on n'avait plus d'espoir de sauver ce grand homme. Mais depuis j'ai appris avec grand plaisir que sa santé va s'améliorant.

Mes souvenirs à mes condisciples, et recevez les tendresses de votre élève dévoué

MARIANO FORTUNY.

C'est à Rome que le talent du jeune peintre commença réellement à se former, bien plutôt, comme l'a très-justement dit M. Th. Gautier, par l'épanouissement de qualités natives que par l'influence directe des grands maîtres qu'on y admire et qu'on y copie à genoux. « Nous ne blâmons nullement cette piété, ajoutait le critique, mais il est bon quelquefois de s'abandonner à sa propre nature et de voir par ses yeux. » Fortuny était un adorateur du soleil et de la nature : bien des fois il m'a dit qu'à son arrivée à Rome il avait eu plus de peine à oublier les traditions de l'école allemande moderne, dont l'influence se faisait alors sentir à Barcelone, qu'à apprendre ce qu'il savait depuis. Il s'était mis au travail avec ardeur : c'est en cette année qu'il connut son fidèle ami Simonetti, un peintre de talent qui fut son élève et le compagnon des mauvais jours, et qu'il avait pris avec lui dans son petit atelier. M. d'Épinay, qui fut aussi de ses fidèles amis, me racontait qu'après avoir travaillé toute la journée, il allait le soir à l'*académie* bien connue de *Gigi*, *via Margutta*, faire deux heures de modèle nu et deux heures de modèle habillé. Gigi assurait à M. d'Épinay que pendant huit ans il avait rarement manqué une soirée. « Quant aux études qu'il y faisait, il les considérait comme ayant si peu de valeur que la plupart étaient abandonnées sur son pupitre comme bonnes à jeter au panier. Le propriétaire de l'établissement les mettait dans un carton, les déchirait quelquefois ou les collait au mur. Je me rappelle en avoir vu, il y a huit ans, une vingtaine attachées au mur, et à vendre pour quelques francs. J'en achetai quelques-unes, car je devinais ce que deviendrait l'artiste. A cette époque il vendait pour 100 fr. ses aquarelles (qu'il ne trouvait jamais assez bonnes pour être vendues). Un de ses premiers tableaux fut payé ce prix par un amateur russe. »

Sept mois déjà s'étaient écoulés depuis son arrivée, quand il envoya deux tableaux à M. Pedro Bover, à Reus : l'un représentait une *Vue du Tibre*, avec le château Saint-Ange dans le fond ; l'autre, des *Néréides sur un lac* au bord d'un bois. Le produit de la vente de ces deux ouvrages était destiné à son grand-père. Malheureusement le pauvre vieillard, ne pouvant s'habituer à l'absence de l'enfant qu'il aimait tant, — de son cher *Marian*, comme il l'appelait en son dialecte catalan, — tomba malade, et mourut le 19 mars 1859, un an jour pour jour après l'arrivée de son petit-fils à Rome, et comme celui-ci venait de lui envoyer un *Saint Mariano.* Il m'a souvent parlé de la douleur qu'il avait éprouvée en apprenant cette perte.

D'après ce que m'a dit M. Simonetti, il fit encore à cette époque un tableau représentant des *Bacchantes.* Cependant la guerre venait d'éclater entre l'Espagne et le Maroc. La *Diputacion* de Barcelone écrivit à Fortuny le 10 janvier 1860, pour lui proposer de se rendre en Afrique et d'y faire, en suivant l'armée, des études destinées à rappeler le souvenir de cette campagne. Les conditions étaient dignes de cette assemblée et du pensionnaire : il accepta, et partit par le premier vapeur. Peu de temps après son arrivée à Barcelone, la *Diputacion* lui ouvrit, en vue de sa mission, un crédit de 45,000 réaux, et lui remit des lettres de recommandation pour O'Donnell, qui commandait en chef, ainsi que pour les généraux Ros de Olano et Prim, et pour une dixaine d'autres personnages marquants. Il partit de Barcelone le 2 février, avec M. Jaime Escriu, qui fut son compagnon pendant toute la campagne, et devint plus tard son beau-frère. C'est à lui que je dois les détails relatifs à cette expédition, détails qui sont parfaitement conformes aux récits que Fortuny m'a faits lui-même.

Après avoir touché à Valence, à Malaga et à Gibraltar, les deux compagnons s'embarquèrent à Algeciras, arrivèrent à la *Ria de Tetuan* le 12, et quelques jours après, non sans peine, au campement de Prim, qui leur accorda, sur leur demande, la permission, refusée aux civils, d'entrer dans Tétouan. Pendant quelques jours Fortuny y dessina sans relâche. Il m'a raconté lui-même que, malgré ses nombreuses lettres de recommandation, il manquait de tout, souffrant de la faim, couchant sur la dure, quand il rencontra quelques Catalans, ses compatriotes, qui lui procurèrent de suite un peu de bien-être. A sa sortie de Tétouan il retourna au camp de Prim, et obtint la permission de vivre avec l'état-major, ce qui lui donna beaucoup plus de facilité pour travailler. Le 11 mars commença l'action assez vive de Samsa. Fortuny, désireux de savoir ce que c'était qu'une bataille, s'avança un peu trop, et une balle vint soulever la poussière à ses pieds. « Ah ! celle-là était pour les peintres ! » dit un soldat qui se trouvait là.

Des pourparlers de paix ayant été entamés, Fortuny eut un jour l'occasion de faire un rapide croquis de Muley-Abbas, au moment où il montait à cheval. Bientôt la continuation de la guerre fut décidée, et on offrit à Fortuny de faciliter son départ; il répondit qu'il préférait accomplir sa mission jusqu'au bout, et suivre le sort de l'armée.

Le 23 mars commença la bataille de Wad-Ras, qui fut très-acharnée, et où les Espagnols remportèrent une glorieuse victoire. La vue des blessés qu'on emportait, des morts qu'on enterrait, fit sur le jeune peintre la plus profonde impression. Peu de jours après, s'étant éloigné du camp avec son compagnon, ils furent surpris par des Mores insoumis du Riff, qui déjà les mettaient en joue et tiraient leurs yataghans. Heureusement M. Escriu eut la présence d'esprit de leur dire qu'ils étaient des Anglais : — *Yo Inglis!* s'écria-t-il ; et il essaya de leur faire comprendre qu'ils venaient en touristes de Gibraltar. La supercherie réussit, et les Mores heureusement les laissèrent partir. A leur retour au camp, on apprit leur aventure, dont on parla beaucoup ; elle donna même lieu, un peu plus tard, au bruit répandu à Barcelone et à Reus qu'ils avaient été faits prisonniers et décapités.

Pendant ce premier séjour de deux mois et demi au Maroc, Fortuny fit une grande quantité de dessins, d'aquarelles et d'esquisses à l'huile : Arabes, soldats, volontaires catalans, juives, chevaux, paysages, monuments, intérieurs. Un jour, après le dîner, il dessina tous les officiers qui figuraient à la table du général. Plus tard ces croquis lui furent d'une grande utilité. Le moment était venu de songer au départ ; le 23 avril il se mit en route avec son compagnon, et après s'être arrêtés à Castillejos, où ils visitèrent le champ de bataille, ils s'embarquèrent à Ceuta pour Alicante, et arrivèrent à Madrid en même temps que l'état-major de l'armée d'Afrique.

Bien qu'il souffrît encore d'une foulure au pied qu'il s'était faite le 10 mars, Fortuny, parcourait dès le lendemain de son arrivée les environs de la ville, où les troupes étaient campées, et y faisait divers croquis, ainsi que sur la *plaza de la Leña*. Il fut ensuite présenté par M. Agustin Rigalt à M. Federico de Madrazo, qui devait sept ans plus tard lui donner en mariage sa fille Cecilia, et qui admira beaucoup ses études du Maroc. Quelques jours après il partit pour Barcelone, après s'être arrêté à Almanza, où il fit un dessin de l'église, ainsi qu'à Valence; il arriva la veille de la Fête-Dieu dans la capitale de la Catalogne. Un jour qu'il faisait une partie de chasse sur les bords du Llobregat, il se foula de nouveau le pied en sautant un ruisseau. On fut obligé de le transporter sur une charrette jusqu'à une station du chemin de fer de Tarragone, et de là à Barcelone. Pendant plusieurs années il se ressentit de cette chute.

Cependant les études de Fortuny, exposées publiquement à Barcelone, y furent admirées de tous. Le 27 juin 1860, la *Diputacion* adressait au gouverneur de la province la communication suivante :

« Le peintre Mariano Fortuny est heureusement de retour d'Afrique, après avoir recueilli, au prix de mille dangers et avec une constance et un zèle dignes de tous les éloges, des matériaux extrêmement intéressants qu'il doit utiliser dans le travail que la *Diputacion* lui a confié. Votre Excellence a vu l'album de ses croquis, souvenirs et impressions, et saura juger du grand parti qu'il pourra tirer un jour de dessins très-simples en apparence, mais qui reproduisent exactement les lieux où se sont passés les grands faits d'armes accomplis par notre héroïque armée, ainsi que les costumes, les types et les mœurs de nos adversaires dans la guerre d'Afrique.

« Fortuny a très-bien accompli jusqu'ici son honorable mission, mais ce n'est pas assez. Pour que le jeune peintre puisse terminer cette noble tâche à sa gloire et à l'honneur du pays, il faut que son génie se nourrisse, se fortifie et se féconde à la vue des grands maîtres... La *Diputacion* a reconnu qu'il lui est nécessaire de visiter Paris, Munich, Berlin, Bruxelles, Milan et Florence, afin que, jetant un coup d'œil rapide sur leurs musées et sur leurs monuments artistiques, il fasse mieux concorder avec les préceptes de l'art ses conceptions peut-être trop fougueuses et encore inexpérimentées. Un voyage artistique de six ou huit semaines, en compagnie d'un autre jeune homme passionné pour les beautés de la peinture, sera suffisant pour atteindre le but que la *Diputacion* s'est proposé... »

Ce projet ne fut réalisé qu'en partie : Fortuny, en retournant à Rome, s'arrêta quelques jours à Paris, et alla visiter le Musée de Versailles pour voir la *Smalah* d'Horace Vernet, tableau qui l'intéressait vivement, puisqu'il devait en faire un du même genre, et à peu près de même dimension, pour la *Diputacion* de Barcelone. De retour à Rome, il montra à ses camarades les études de son voyage, qui excitèrent l'admiration générale. « Personne, disait naguère sur sa tombe un peintre romain, M. Vertunni, personne ne pourrait rendre la surprise que nous causèrent les études qu'il avait faites sur le champ de bataille... Il n'était, en nous quittant, qu'un simple élève, et après une courte absence il revint un artiste complet. » Il continua sa vie de travail incessant. Son modeste atelier était alors dans la *via di Ripetta,* près du Tibre. A la fin de l'année, il écrivait à Barcelone pour redemander au Conseil son album du Maroc, ainsi que différents costumes et autres objets dont il avait besoin pour son grand tableau.

L'année suivante, en 1861, il peignit une *Tête de nègre* coiffé d'un burnous. Cette toile, d'une exécution superbe, qui appartient à M. Stewart, montre que Fortuny était déjà capable de réussir une figure de grandeur naturelle. Il fit aussi une *Odalisque* couchée sur un divan, et fumant à côté d'un eunuque jouant de la mandoline, peinture à l'huile sur carton, qu'il envoya à l'Académie de Barcelone, où elle se trouve encore aujourd'hui. Je mentionnerai encore, d'après les renseignements que je tiens de M. Simonetti, une aquarelle qu'il appela *Il Contino* (*le Petit Comte*), représentant un personnage en costume du siècle dernier dans un jardin. Il allait souvent à l'Académie de France, ainsi qu'à celle de Saint-Luc, où il copia pour un de ses envois un *Enfant* peint à fresque par Raphaël. Il copia aussi la *Lucrèce* de Guido Cagnacci, de la grandeur de l'original; différents sujets d'après Ribera et le Bassano, les *Trois Grâces* de Rubens, etc. Il fit encore une étude représentant l'*Apparition de Marguerite à Faust* dans le réduit de Méphistophélès. Il peignit aussi son *Portrait en buste,* de trois quarts, avec une étoffe ancienne drapée sur l'épaule; un *Sacrifice à Bacchus* et une quantité d'autres sujets. Pour se délasser de ses travaux, il alla, dans l'été de 1861, faire une excursion à Florence, et visita les musées de cette ville en compagnie de Francés, de Valles et d'autres compatriotes, ainsi que d'un peintre cubain de mes amis, M. Cuadras.

Le 3 février 1862, l'Académie de Barcelone remettait à la *Diputacion* dix-sept figures dessinées d'après nature, et la copie à l'huile d'après Guido Cagnacci. Le retard de ces envois de Fortuny, dû à des circonstances étrangères à sa volonté, était largement compensé par un surcroît de travail, puisqu'il envoyait plus que ne le comportaient ses obligations.

La *Diputacion* de Barcelone proposa à Fortuny de faire un second voyage au Maroc, pour rafraîchir ses impressions et recueillir les nouveaux documents qui pouvaient lui être utiles. Bientôt il acceptait par la lettre suivante, qu'il adressait au président en lui envoyant un tableau :

Très-excellent Monsieur,

Comme un faible échantillon des travaux que je me propose d'exécuter sur la guerre d'Afrique, j'ai l'honneur d'offrir à Votre Excellence le tableau ci-joint, une scène de mœurs dans un intérieur marocain. Si mon premier ouvrage mérite l'approbation de Votre Excellence, je la prie d'abord de me faire la faveur de l'accepter comme une des petites toiles représentant les épisodes de cette grande lutte, et de la placer dans le Musée provincial comme la première offerte par un peintre catalan. Je la prie ensuite de me faire obtenir quelques fonds pour mon voyage d'Afrique, qui me permettra de recueillir des détails et des documents pour le grand tableau que j'ai déjà ébauché, et dont j'ai eu le plaisir de remettre une photographie au directeur de l'Académie, M. Claudio Lorenzale, mon estimable et très-digne maître...

MARIANO FORTUNY.

Fortuny recevait, trois semaines plus tard, la réponse suivante : « La *Diputacion,* pleine d'orgueil, car les gloires de son protégé se reflètent toujours sur la province, accepte avec le plus grand plaisir le tableau de l'*Odalisque* offert par vous, et destiné, suivant vos désirs, au Musée provincial de peinture, comme le premier ouvrage offert par un peintre catalan. En même temps, elle se plaît particulièrement à vous témoigner combien elle a été touchée du sentiment que vous lui exprimez dans votre lettre du 14 février dernier, et de votre consentement à vous rendre de nouveau en Afrique, afin de rafraîchir vos impressions pour peindre la bataille de Wad-Ras, dont elle a pu admirer l'exactitude et la belle composition dans la photographie de l'esquisse que vous lui avez adressée par l'entremise de M. Lorenzale. Vous pouvez en tout temps compter sur la protection de ce corps populaire, que les qualités distinguées de couleur, de dessin et de composition que vous réunissez ont rendu entièrement votre débiteur. La *Diputacion,* que son intérêt pour vous rend désireuse d'assurer votre sûreté, regarde comme un devoir paternel de vous recommander de partir sans retard pour l'Afrique, afin que vous puissiez atteindre le but de votre voyage avant l'évacuation de Tétouan par les troupes espagnoles.— Dieu vous garde, etc. »

Plein d'ardeur pour ce second voyage, Fortuny

s'occupa de ses préparatifs, et se mit même à apprendre un peu d'arabe à ses moments perdus. Il partit de Rome au mois de septembre 1862, et se rendit en Afrique sans perdre de temps. Son intention était de pousser jusqu'à Fez; mais, n'ayant pu rejoindre à temps une personne qui faisait ce voyage, il dut renoncer à son projet. Pendant son séjour, qui dura deux mois, il utilisa tous ses instants, faisant des dessins et des études à l'huile et à l'aquarelle pour son grand tableau. Grâce au costume arabe qu'il avait pris, il put faire plusieurs excursions dans les environs de Tanger, et parcourut deux fois le chemin de cette ville à Tétouan, en passant par le Fondach et par Wad-Ras. Malgré la fatigue et la chaleur, sa santé se maintint parfaite pendant cette expédition, qu'il accomplit sans encombre. Le seul incident fâcheux fut la perte de sa boîte à couleurs et de ses études à l'huile, qu'on lui vola à Tanger, mais qu'il retrouva heureusement, grâce à un nègre nommé Farragi, de ceux qu'on appelle *Moros de rey,* le même qui lui avait déjà servi de modèle à son premier voyage, et dont le portrait, comme je l'ai dit plus haut, se trouve aujourd'hui dans la galerie de M. W. Stewart.

A son retour d'Afrique, au mois de décembre, il s'arrêta quelques mois à Barcelone, où les nouvelles études qu'il rapportait du Maroc firent sensation parmi les amateurs. Pendant ce séjour, il peignit la *Fantasia de la poudre* chez M. Buenaventura Palau, son protecteur et son conseiller, qui resta toujours son ami dévoué, et il offrit ce tableau à son fils pour sa fête, le 19 mars 1863. Fortuny, qui avait pour M. Palau la plus grande estime et la plus vive affection, m'avait donné une lettre d'introduction auprès de lui, et je dois à cet excellent et digne homme de précieux renseignements sur notre ami commun. Fortuny alla passer quelques jours à Reus à l'époque du carnaval, et y fit une *Sentinelle arabe* en burnous blanc, un long fusil à la main. Ce petit tableau, peint à l'huile sur carton, appartient à un de mes amis de Tarragone. Peu de temps après, il repartait pour Rome, emmenant avec lui son camarade d'enfance, José Tapiró, qui ne cessa de lui témoigner le plus profond dévouement.

III

1863 — 1869

La *Diputacion* de Barcelone prolonge la pension de Fortuny. — Elle renonce, d'accord avec lui, au tableau de la *Bataille de Tétouan* (Wad-Ras), qu'elle acquiert depuis. — L'atelier de *Papa Giulio*. — Premier voyage à Naples. — Études de Fortuny au Transtevere. — Il peint un plafond pour la reine Christine. — Le duc de Rianzares continue la pension que lui faisait Barcelone. — Voyage de Fortuny à Madrid; ses travaux dans cette ville; ses copies au Musée. — Il se rend à Paris, et Zamacois le présente à M. Goupil. — Fortuny retourne à Madrid. — Il épouse Mlle Cecilia de Madrazo. — Regnault visite son atelier, et s'enthousiasme pour ses ouvrages. — Visite de M. W. Stewart à Rome. — Premières attaques de fièvre.

Peu de jours après son arrivée à Rome, l'Académie de Barcelone communiquait à Fortuny une décision du Conseil provincial de cette ville, qui avait décidé de prolonger sa pension : « La *Diputacion*, dans sa séance de ce jour (2 mars 1863), a résolu à l'unanimité de prolonger pour deux ans la pension annuelle de 8,000 réaux dont jouissait le jeune Fortuny quand il fut invité à se rendre en Afrique pour étudier les incidents de la guerre du Maroc; elle a pris en considération que ce peintre promet des jours de gloire à son pays, à cause des qualités particulières de génie que révèlent ses ouvrages, qualités dont le monde artistique s'est déjà formé une idée si avantageuse. De plus, poussé par le seul amour de l'art, et exposant sa vie à de graves dangers, il a fait un nouveau voyage en Afrique, et a séjourné quatre mois à Tétouan et à Tanger, étudiant les mœurs, les costumes et le pays, afin de terminer le grand tableau sur l'action du 4 février qu'il fait à Rome pour la *Diputacion;* il a ainsi épuisé ses modestes économies, se trouvant à bout de ressources pour continuer ses études dans la capitale du monde catholique, et pour subvenir aux frais toujours croissants que lui occasionnent ses modèles, ses dessins, etc. »

Le 17 mars suivant, l'artiste écrivit, pour lui témoigner sa gratitude, au Conseil, qui lui communiqua, le 8 avril, l'avis suivant, adressé par sa 3e commission au gouverneur civil, dans sa séance du 31 mars : « Quand V. E., au commencement de l'année 1860, envoya le jeune peintre Mariano Fortuny en Afrique, pour étudier sur le champ de bataille les scènes de cette glorieuse lutte et les fixer sur la toile, afin d'en transmettre le souvenir à la postérité, cet artiste consultait bien plus l'élévation de ses sentiments qu'un mesquin intérêt... Maintenant, après le nouveau voyage que Fortuny a fait en Afrique, après ses études si consciencieuses sur le théâtre même de la guerre, et vu l'état avancé où se trouve sa toile de la *Bataille de Tétouan*, on peut dire qu'on a atteint l'unique but de V. E., qui était de protéger le génie de l'artiste et d'obtenir un tableau qui, en le reflétant, fît vivre les exploits héroïques de l'armée espagnole; la commission pense donc que le moment est venu de relever Fortuny des obligations qu'on lui avait imposées... »

Dans la suite de ce document, on rappelle ces obligations, qui consistaient à envoyer quatre grands tableaux et six moyens, représentant des sujets de la guerre d'Afrique, et on fait ressortir la disproportion qui existait entre ces travaux et la somme de 40,000 réaux, absolument insuffisante pour les dépenses de voyages, de modèles, de toiles et autres frais matériels; on fait observer qu'agir autrement ce serait condamner le jeune peintre aux privations et à la misère, au lieu d'assurer son avenir, etc. La *Diputacion* ayant approuvé cet avis, Fortuny n'eut plus à s'occuper que de son grand tableau, et s'y mit avec une grande ardeur, consacrant tous ses instants à ce travail. Cependant la tâche qu'il avait entreprise était beaucoup plus importante qu'il ne l'avait pensé d'abord; le temps s'écoulait, et la grande toile, bien que fort avancée, n'avait pu être prête pour le délai fixé. Ce retard amena par la suite la *Diputacion* à renoncer au tableau; il fut convenu que Fortuny le garderait, et qu'il rembourserait l'argent qui lui avait été avancé, ce qu'il fit en effet.

Tous ceux qui ont visité l'atelier de la *Via Flaminia* ont pu admirer ce vaste panorama où se déroule le beau fait d'armes qui excita en Espagne un enthousiasme si général, enthousiasme dont je fus témoin à cette époque. Au centre du tableau, le premier plan est occupé par Muley-Abbas et de nombreux cavaliers marocains qui fuient en désordre; au-dessus, au second plan, le général en chef de l'armée espagnole, O'Donnell, entouré de son état-major, donne ses ordres avec calme, et, l'épée à la main, montre à l'infanterie la direction qu'elle doit suivre. Le général Prim est également très-reconnaissable; les généraux Ros de Olano et Echagüe se voient dans un plan plus éloigné. A gauche, on aperçoit, dans le lointain, les tentes du camp espagnol qui se détachent en blanc sur la verdure; du côté opposé, des nuages de fumée montrent que l'artillerie a déjà commencé son action; la mer et de hautes montagnes occupent le fond de la composition. De chaque côté, au premier plan, les tentes du camp marocain, dont les tranchées sont déjà envahies par l'ennemi; des morts et des blessés sont étendus à terre; des chameaux, des buffles sont heurtés par les cavaliers qui se précipitent en désordre, bousculant des vieillards et des femmes à demi vêtues. La composition savante, la couleur brillante et harmonieuse de ce tableau montrent que le peintre, quoique fort jeune encore, était déjà capable d'aborder les plus grands sujets.

Quand Fortuny fut si inopinément enlevé, la *Bataille de Tétouan* se trouvait encore dans son atelier. Il était tout naturel que la belle et importante composition faite pour la Députation Provinciale de Barcelone appartînt finalement à cette ville : M. Claudio Lorenzale m'ayant écrit pour me proposer, au nom de la *Diputacion*, de remplir le rôle de médiateur dans l'acquisition du tableau, j'acceptai avec empressement une mission si flatteuse. Un des membres actuels de ce corps si distingué, M. Pablo Milá, que j'ai déjà cité au nombre des professeurs de Fortuny, proposa, dans la séance du 15 mars 1875, appuyé par plusieurs de ses collègues, d'acquérir pour la ville la plus grande de ses toiles.

Cette motion ayant été adoptée, le vice-président, M. José Vilaseca y Selogas, m'en fit part au moyen d'une dépêche que je reçus le même jour; je répondis que j'étais heureux d'avoir pu contribuer à assurer à la belle capitale de la Catalogne l'œuvre si remar-

5

quable du grand artiste catalan, œuvre qui transmettra à la postérité le souvenir d'un fait d'armes glorieux pour l'Espagne, et particulièrement pour les braves volontaires catalans.

En 1863, Fortuny utilisa les moments de loisir que lui laissaient son grand tableau pour aller passer quelques jours à Naples, en compagnie de son fidèle Simonetti. C'est dans ce voyage qu'il connut Morelli, peintre napolitain, dont il avait remarqué les tableaux à l'exposition de Florence, en 1861; il estimait beaucoup sa personne et son talent, et resta toujours son ami. De retour à Rome, il fit un petit tableau représentant *Trois Odalisques*, et le vendit 100 francs à une dame russe; il trouvait ce prix très-beau, mais ce n'était, il est vrai, qu'une légère esquisse. Je mentionnerai encore un *Arabe ferrant un âne dans une écurie,* tableau peint en clair-obscur, comme plusieurs de ceux qu'il faisait à cette époque; M. Sanz, un peintre de ses amis, en possède une ébauche; il en fit une eau-forte, dont j'ai vu une épreuve d'un très-bel effet, et qui n'a pas été publiée. Il peignit aussi l'*Amateur d'estampes*, et le donna en échange d'un fusil sarde à Vincenzo Capobianchi, le fils du marchand de curiosités de la *Via Babuino* qui, plus tard, le céda à M. Goupil. Après que celui-ci l'eût vendu à M. W. Stewart, Fortuny le retoucha, et y ajouta le portrait fort ressemblant de cet amateur. M. Fol en a une répétition qu'il paya 2,500 francs à l'artiste.

Fortuny n'était jamais un instant oisif : quand sa journée n'était pas occupée à l'atelier, il allait faire des études dans les environs de la ville en compagnie de quelque ami. Simonetti m'a raconté qu'un soir, par une nuit obscure, ils furent assaillis par plusieurs de ces gros chiens qui gardent les troupeaux des *pecorari* de la campagne de Rome : malgré le danger, il montra beaucoup de sang-froid ; se servant de leur boîte à couleurs comme d'un bouclier, les deux peintres purent gagner, en marchant à reculons, une cabane voisine. Il eut encore, dans d'autres circonstances, l'occasion de montrer son courage et son sang-froid ; mais la vue des cadavres lui faisait beaucoup d'impression : un jour, un artiste de ses amis, nommé Visconti, pensionnaire de Florence, se noya en se baignant; Fortuny vit son corps lorsqu'on le déposa sur la plage, et en fut tellement frappé que, pendant deux mois, il crut constamment avoir ce spectacle sous les yeux.

Le dimanche soir, il allait ordinairement souper dans quelque *osteria* du *Trastevere,* chez *Cucciarello*, par exemple, et trouvait là de curieux types à dessiner. Dans la semaine, il passait la plupart de ses soirées à travailler d'après le modèle, ou bien encore il faisait ces superbes eaux-fortes si recherchées par les amateurs. Sa première planche, qui remonte à l'année 1861, est de très-petite dimension (H. 97^{m}, L. 72^{m}); elle représente des *Arabes accroupis devant une porte surmontée d'un arc en fer à cheval;* on voit dans le fond une rue avec de vieilles maisons aux toits en saillie; à droite, en bas, la signature *Fortuny* en caractères difficilement lisibles. Cette eau-forte est d'une belle couleur et d'un effet qui rappelle Decamps; on me saura gré de la donner ici comme le premier essai d'un jeune homme qui devint plus tard aussi remarquable comme aquafortiste que comme peintre. La seconde en date est la *Famille marocaine*, qui a été publiée par Goupil et Cie, et porte le dernier numéro de la suite des neuf eaux-fortes éditées par cette maison, les seules, avec le *Portrait de Velasquez* que Fortuny me dédia, qui aient été publiées jusqu'à présent. Fortuny, dans ses soirées, gravait quelquefois des planches d'après le modèle vivant, et souvent son travail se prolongeait fort avant dans la nuit. Une autre eau-forte, qui figure dans ce volume, a été faite pendant ces veillées, et dénote déjà une pointe fort habile : elle représente un *Homme nu jusqu'à la ceinture*, la tête baissée, et retenant une draperie avec ses mains, dans une attitude qui fait penser au *Pouilleux*, de Murillo (H. 155^{m}, L. 96^{m}). Il ne faut pas oublier

Fortuny
Roma
Imp. A. Durand. Paris

ici, comme un curieux souvenir des excursions de l'artiste au *Trastevere*, la grande eau-forte du *Meo Patacca* (H. 396^{m}, L. 302^{m}), où le célèbre personnage populaire illustré par Pinelli est représenté chantant à gorge déployée, dans une attitude pleine de crânerie, la veste sur l'épaule, et coiffé du chapeau de feutre à longs poils orné de fleurs et de plumes; deux Transteverins, au chapeau en pointe, fièrement campés derrière lui, l'accompagnent avec la mandoline et le *chitarrone* aux nombreuses cordes métalliques; un réverbère, placé au-dessus des personnages, éclaire cette scène nocturne de lueurs fantastiques. Fortuny fit aussi une sépia représentant le même sujet.

Plus tard, en 1865, il grava la *Victoire* et l'*Idylle*, et, l'année suivante, l'*Arabe veillant le corps de son ami* et l'*Arabe mort*, deux grandes planches d'un effet superbe, également publiées par la maison Goupil; une autre plus petite, la *Tireuse de cartes*, porte, avec la signature, la mention : *Roma, 1867, Trastevere.* Je ne mentionne ces eaux-fortes qu'en passant; j'aurai l'occasion d'y revenir dans ce travail, et plus complétement dans le *Catalogue de l'œuvre gravé de Fortuny,* que je me propose de publier plus tard.

Parmi ses ouvrages de cette époque figure la toile qu'il peignit pour la reine Christine, et qui était destinée au plafond d'un des salons de son hôtel de l'avenue des Champs-Élysées; ce tableau, qui représente la *Reine Christine passant les troupes en revue* aux environs de Madrid, se trouve encore en place; on l'a malheureusement percé au milieu pour poser la chaîne d'un lustre. Quand Fortuny fit ce tableau, il était déjà installé depuis plusieurs années dans son atelier de la *via Flaminia* qui occupait, à quelques centaines de pas de la *Porta del Popolo,* l'emplacement de l'ancienne *Vigna di Papa Giulio*, appelée ainsi parce que le pape Jules III y avait fait bâtir par Vignole, vers le milieu du seizième siècle, une maison de plaisance. C'est aujourd'hui la villa Riganti. Un vaste jardin presque en friche, qui dépendait de l'atelier, servait à l'artiste pour peindre ses modèles en plein air; il les faisait placer à la distance voulue, suivant les plans qu'ils devaient occuper dans le tableau, et s'amusait même à leur faire indiquer les mouvements au son du clairon. Il se servait dès cette époque de son modèle Cugini, plus connu de nous sous le surnom d'*Arlecchino*, qu'il amena à Paris, en 1873. En même temps qu'il travaillait au plafond destiné à l'hôtel des Champs-Élysées, Fortuny donnait des leçons à la princesse Del Drago, fille de la reine Christine; il commença aussi le portrait de son élève, qui ne fut jamais achevé. Lorsque la ville de Barcelone cessa de lui payer sa pension, le duc de Rianzarès, mari de la reine Christine, lui continua cette pension jusqu'en 1867.

Ordinairement, Fortuny quittait sa maison de bonne heure pour se rendre au *Studio di Papa Giulio*, — c'est ainsi qu'on appelait son atelier; quelquefois même, quand il voulait se mettre au travail dès le jour, il y couchait la veille, étendu sur de la paille, car il professa toujours la plus grande indifférence pour le confortable. Une nuit, le feu prit à l'une des trois grandes pièces dont se composait l'atelier, précisément celle où se trouvait de la paille; tout fut brûlé en un instant; mais, heureusement, les flammes n'atteignirent pas les autres pièces, et le malheur se réduisit à quelques études détruites, à des ustensiles de peintre brûlés, et à un singe étouffé par la fumée.

Fortuny montrait déjà une habileté consommée dans ses aquarelles; il ne se passait guère de jour sans qu'il y travaillât avec ardeur. L'*Arabe couché*, appartenant aujourd'hui à M. W. Stewart, montre que, dès cette époque, il était passé maître en ce genre. Simonetti m'a raconté que, dans un voyage qu'il fit au mois de juillet 1865, pour prendre les bains de mer à Nettuno, il contracta une maladie d'estomac à force de mettre ses pinceaux dans sa bouche en peignant à l'aquarelle; il parvint heureusement à se guérir après une diète de quelques jours.

Fortuny demeurait alors, en compagnie de ses amis et compatriotes Moragas et Agrasot, au n° 25 de la *via de 'Avignonesi,* qu'il devait quitter un peu plus tard pour habiter l'angle des rues *della Purificazione* et *Sant' Isidoro*. Pendant l'été de 1866, il alla faire un voyage à Madrid. Il portait avec lui le tableau dont je viens de parler : l'*Amateur d'estampes*, qui fut beaucoup admiré ; *M. Del Palacio* appela l'attention du public sur le jeune peintre dans le *Journal illustré* de Madrid du 8 juillet. C'est sans doute un des premiers articles qui aient été publiés sur lui. Il utilisa son séjour dans la capitale, ainsi que celui qu'il fit l'année suivante, pour faire au *Museo Real* de nombreuses copies, principalement à l'aquarelle, d'après divers tableaux du Titien, du Tintoret, du Greco, de Velazquez, de Goya, et d'autres maîtres encore.

Dans l'automne de la même année, il se rendit à Paris, où il fit la rencontre de plusieurs peintres ses compatriotes, fixés dans cette ville, notamment Rico, Ferrandiz et Zamacois ; ce dernier le conduisit chez M. Goupil, qui du premier coup d'œil reconnut chez lui un talent profondément original, et lui acheta de suite plusieurs aquarelles ; en outre, il lui fit des commandes importantes, à des prix plus élevés que ceux qu'on payait jusqu'alors pour ses ouvrages, et lui ouvrit un crédit de 24,000 francs par an. Postérieurement, après le mariage de Fortuny, M. Goupil lui proposa un arrangement semblable à celui qu'il avait pratiqué pendant de longues années avec plusieurs autres peintres d'un grand talent, notamment Paul Delaroche et Gérome, c'est-à-dire l'achat de ses ouvrages à un prix déterminé, plus le partage de l'excédant; conditions que Fortuny accepta.

Fortuny fit en 1867 un nouveau voyage à Madrid; son mariage avec Mlle Cecilia de Madrazo, fille de M. Federico de Madrazo, directeur du *Museo Real*, était déjà décidé, et il écrivait à un de ses compatriotes, à Rome :

Madrid, 5 août 1867.

Cher Moragas,

... Je n'ai que peu de choses à te dire : Je te prie de me faire un plaisir, sans quoi je ne pourrais me marier. On m'a demandé à l'église un acte constatant que je suis célibataire; j'espère donc que tu me le procureras après avoir pris tes informations. C'est une chose très-simple, m'assure-t-on. Mon mariage doit avoir lieu en septembre ou en octobre au plus tard; après quoi, vite à Rome. Je voudrais y être déjà pour pouvoir me mettre à peindre tranquillement, car c'est à peine si je travaille en ce moment.

Dis à L... de ne pas s'inquiéter, et de mépriser une si basse envie, car il possède assez de qualités pour surpasser des rivaux aussi misérables.

A toi.

FORTUNY.

Il m'a raconté que c'est en allant plusieurs fois à la sacristie de l'église de sa paroisse que lui vint l'idée de son *Mariage espagnol;* il en fit alors une légère étude, dans une note un peu grise, et qui n'était du reste que l'embryon du tableau qui le rendit célèbre un peu plus tard. Pendant son séjour à Madrid, qui dura plusieurs mois, il retourna souvent au Musée, où il exécuta, entre autres copies, deux belles aquarelles d'après Velazqüez, et une autre d'après Van Dyck. Parmi les tableaux qu'il copia à l'huile, figurent : l'*Ésope* et le *Ménippe*, de Velazquez ; la *Famille de Charles IV* et plusieurs portraits, de Goya ; le *Saint Jérôme,* de Ribera, et d'autres encore.

Il fit aussi à cette époque de ravissantes aquarelles, notamment la *Mariposa* (le *Papillon*), et les *Arabes donnant à manger à un vautour*, aujourd'hui chez M. Gargollo, à Madrid. Une répétition de la première appartient à M. de Goyena, de Séville, et une autre, à l'huile, de la *Mariposa,* à M. Federico de Madrazo. Il fit encore deux sujets du *Carnaval*, dont un se trouve chez M. W. Stewart ; une *Idylle,* même sujet que son eau-forte ; un *Intérieur de harem*, qu'il donna en échange d'une épée ancienne à un antiquaire de Madrid, et qui appartient au même amateur. Pendant une excursion à Séville, il peignit à l'huile des études de la *Plaza de*

Toros, de la *Porte de l'Alcazar* et du *Patio* (cour) de cet édifice, ainsi qu'une superbe ébauche représentant le *Brindis del Espada*, c'est-à-dire le salut du *torero* qui, avant de tuer le taureau de son épée, adresse son toast au Président. De retour à Madrid, il fit sur bois un magnifique dessin représentant des *Arabes fumant;* ce bois, merveilleusement gravé par Bernardo Rico, frère du paysagiste, fut publié en 1873 dans un journal de Madrid, la *Ilustracion*.

Pendant son séjour à Madrid, Fortuny écrivait de temps en temps à son ami Simonetti. Il avait prêté son atelier à Zamacois, et lui avait remis pour son ami Simonetti, chargé de l'installer, la lettre suivante, qu'il avait accompagnée d'un plan indiquant le chemin du Corso, des rues Babuino et Ripetta à la place du Peuple, et d'une élévation de l'atelier de *Papa Giulio*.

Madrid, mars 1868.

Mon cher Attilio,

Je crois que tu auras plaisir à faire la connaissance du porteur, M. Zamacois, mon ami, et de mettre mon atelier à sa disposition dans le cas où il voudrait y travailler. Tu sais que c'est un bon ami, et je te connais assez pour n'avoir pas besoin de te le recommander plus longuement.

Ton ami de cœur,

FORTUNY.

Henri Regnault se trouvait alors à Rome : « Zamacois s'est installé dans l'atelier de Fortuny, écrivait-il le 11 mars à M. A. Duparc. J'ai vu là des études de Fortuny qui sont prodigieuses de couleur et de hardiesse de peinture. Ah! qu'il est peintre, ce garçon-là! J'ai vu aussi des eaux-fortes ravissantes de lui. Son élève, Simonetti, qui travaille dans son atelier, m'a fait voir des choses charmantes en train... Voilà deux gaillards qui vont joliment bien! Quelle habileté! quelle couleur amusante! quelle justesse et quel esprit dans la touche! »

Fortuny écrivait encore à son ami :

Cher Attilio,

Tu sais combien les nouvelles des amis me font plaisir : Écris-moi donc souvent pour renouveler chez moi le bon souvenir de notre chère Rome. Je vois que Zamacois est venu te confirmer ce que je t'ai dit tant de fois, et désormais tu ne douteras plus de ton avenir. Et, pour Dieu, je puis cette fois me féliciter avec toi en dépit de nos faux amis. Travaille, travaille, et avec courage! Cherche à te perfectionner dans l'art...

J'ai acheté deux estampes de Rembrandt, celles de Ribera les plus rares et quelques-unes inédites de Goya. Je fais la cour à deux charmants petits tableaux de Tiepolo... J'ai reçu des photographies de Gérome et de bonnes nouvelles de Paris.

Adieu, écris-moi, et souhaite le bonjour à Zamacois et à Moragas.

FORTUNY.

Peu de temps après, Fortuny écrivait encore à son

ami Simonetti pour lui donner des conseils très-sensés. Il songeait déjà à quitter Madrid, et le priait de faire planter et semer dans son jardin au printemps, afin que sa femme en reçût une bonne impression à son arrivée à Rome. Bientôt il lui annonçait son départ :

Madrid, 28 mai 1868.

Très-cher Attilio,

Je pars pour Rome lundi prochain : j'ai déjà expédié mes bagages, et je n'attends que l'avis de l'embarquement. Il me tarde d'être arrivé et d'être installé dans mon atelier : tu feras en sorte que tout y soit en ordre, je veux dire nettoyé et débarrassé des objets inutiles. Commande au menuisier des châssis, afin qu'à mon arrivée je les trouve prêts, et que je puisse y mettre les études que j'ai faites à Madrid. (Suivent les mesures de treize châssis de diverses grandeurs depuis 0^m42 sur 0^m59 jusqu'à 1^m sur 2^m20.) Parmi les objets anciens que j'apporte, il y a des épées : demande à Corvisieri s'il y a besoin d'un permis pour les faire entrer...

Crois-moi ton ami,

FORTUNY.

De retour à Rome, Fortuny se mit au travail sans perdre de temps. Son *Mariage espagnol* l'occupait beaucoup, ce qui ne l'empêchait pas cependant de trouver quelques heures pour faire des aquarelles et des dessins à la plume auxquels il travaillait ordinairement le soir, et parmi lesquels je citerai le portrait de M. d'Épinay, son ami. Il fit aussi le portrait de ses amis et compatriotes Villegas, Moragas et Francés. Il fit un petit voyage en Toscane, et retourna vers la fin de l'année à Rome, d'où il écrivait à son beau-frère, M. de Madrazo :

Rome, 30 décembre 1868.

Cher Raymundo... Les Goupil sont venus à mon atelier, et il paraît que la *Vicaría* (le *Mariage espagnol*) leur a plu... Goupil m'a fait des propositions pour que j'aille à Paris, où il m'offre de me faire bâtir un atelier à mon goût; il parle beaucoup du *succès* de ma peinture, etc. Il dit qu'à Rome tous m'imitent, que c'est *dégoûtant*, et que sous tous les rapports il est nécessaire que je parte d'ici...

Je serai très-content de connaître M. W. Stewart, et puisque tu es assez libre avec lui, tu pourrais lui conseiller de porter dans sa malle, quand il viendra, quelque petit tableau de Meissonier ou de Stevens, s'il en a; car nous désirons voir quelque chose de bon, et cela nous ferait du bien, du moins à moi qui perds l'envie de peindre, peut-être parce que je ne vois rien qui vaille.

Le papier pour l'aquarelle est excellent, et je travaille déjà le soir. J'ai été passer huit jours à Florence, à Pise et à Livourne.

FORTUNY.

Au mois de mars de l'année suivante, Henri Regnault, qui avait fait la connaissance du peintre espagnol, dont les aquarelles l'avaient déjà frappé à Madrid, écrivait de nouveau à M. A. Duparc, les impressions qu'il avait éprouvées dans son atelier : « J'ai passé avant-hier la journée chez Fortuny, et cela m'a cassé bras et jambes. Il est étonnant, ce gaillard-là! Il a des merveilles chez lui! C'est notre maître à tous. Si tu voyais les deux ou trois tableaux qu'il termine en ce moment et les aquarelles qu'il a faites ces derniers temps!!! c'est ça qui me dégoûte des miennes!... Ah! Fortuny, tu m'empêches de dormir!... En fait d'aquarelles, écrivait-il encore un an plus tard, je ne suis pas fier : Fortuny me fait une peur bleue. »

Chose digne de remarque : les deux artistes, qui s'aimaient et s'estimaient réciproquement, n'éprouvaient aucun sentiment d'envie, comme cela arrive trop souvent. Si Regnault était modeste, Fortuny ne l'était pas moins; il s'intéressait également aux travaux de son camarade : « Dis-moi, écrivait-il de Rome en 1869 à son beau-frère Raymundo de Madrazo, dis-moi comment tu trouves le portrait de Prim par Regnault? »

« C'est avec moi, m'écrit M. d'Épinay, que Regnault visita la première fois l'atelier de Fortuny. Ce fut une révélation pour Regnault, un coup de foudre! Cette visite fut l'étincelle qui mit le feu à cette mine chargée et qui ne demandait qu'à faire aussi explosion. « C'est notre maître à tous, s'écria-« t-il; je ne peux plus voir ce que j'ai fait et ce que je « fais; je vais déchirer mes aquarelles. Voilà comment « on fait l'aquarelle : quelle couleur, quel charme,

« quel dessin! Vive l'Espagne! Vive l'Orient! Vive « Fortuny! » Enfin, ajoute M. d'Épinay, un enthousiasme vrai, sincère : je vous cite ses paroles textuellement. »

M. W. Stewart était venu à Rome, et avait vu Fortuny, qui lui avait promis une aquarelle; il écrivait bientôt à son nouvel ami pour la lui annoncer, et le remercier en même temps de quelques objets destinés à orner son atelier :

Rome, mai 1869.

Cher monsieur et ami,... J'ai le double plaisir de vous annoncer que j'ai envoyé à Goupil l'aquarelle, et de vous remercier de votre précieux cadeau de l'armure japonaise et des deux bronzes; je vous dirai dans ma prochaine lettre l'effet qu'ils font dans mon atelier.

... Il me tarde d'être à Paris pour vous voir et pour jouir de votre belle collection de tableaux...

Votre ami,

FORTUNY.

Piazza Monte d'Oro, 94.

Dans deux lettres écrites à Simonetti peu de temps après, Fortuny lui parle de plusieurs accès de fièvre qu'il venait d'avoir :

Rome, 28 juin 1869.

Très-cher Simonetti... J'ai eu une seconde attaque de fièvre, qui paraissait devoir devenir une fièvre tierce : je l'attendais encore aujourd'hui, mais elle n'est pas venue. Si je suis libre dimanche, j'irai passer huit jours à Naples pour voir si l'air de la mer me débarrassera de cela.

Je ne sais trop que te dire en fait de nouvelles : j'ai changé le personnel de mon atelier...; Regnault a coupé sa barbe, Moragas part pour l'Espagne, et le *scirocco* règne toujours.

Rome, juillet 1869.

En allant dans les églises à la recherche d'un fond pour mon tableau j'ai été pris d'une fièvre, rhumatismale au commencement, mais qui a fini par *un accès de pernicieuse*. Heureusement on est arrivé à temps avec la quinine, et je suis hors de danger, mais très-faible; j'espère reprendre un peu de force pour partir, et peut-être nous verrons-nous à Paris. Adieu, conserve-toi.

Ton

FORTUNY.

On remarquera que le mot *pernicieuse* est souligné dans la seconde de ces lettres. Il est probable que Fortuny ne se doutait pas de la gravité de ces perfides accès de fièvre, trop fréquents sous le climat de Rome, et dont malheureusement le retour a presque toujours une issue funeste.

IV

1869 — 1871

Fortuny séjourne un an à Paris. — Il travaille dans l'atelier de Gérome. — Ses relations avec Meissonier. — Le *Mariage espagnol* est exposé chez Goupil. — Sensation extraordinaire causée par ce tableau. — Article de Théophile Gautier. — Les *Charmeurs de serpents*, le *Marchand de tapis*, la *Bibliothèque*, etc. — Départ pour Madrid, Séville et Grenade. — Fortuny s'installe près de l'Alhambra. — Ses lettres à ses amis. — Son goût pour la curiosité. — Ses acquisitions. — Ses sympathies pour la France pendant la guerre franco-prussienne. — Ses travaux à Grenade.

PARTI pour Paris au mois de juillet 1869, Fortuny s'installa, peu de temps après son arrivée, dans l'atelier de Gérome, qui le lui avait offert pendant son absence. Il put y travailler d'autant plus commodément que M. Goupil, qui habitait la campagne l'été, lui avait prêté son appartement, situé à peu de distance; il y avança beaucoup le *Mariage espagnol,* qu'il termina dans la maison Vallin, avenue des Champs-Élysées, 69, où il s'était installé au mois de novembre suivant. C'est encore là qu'il fit son tableau des *Charmeurs de serpents,* appartenant à M. Ed. André, et pour M. de Goyena un autre plus petit représentant un *Arabe,* ainsi que plusieurs aquarelles, parmi lesquelles deux sont de toute beauté : le *Marchand de tapis* et la *Bibliothèque.* Je me souviens qu'il n'était pas content du fond de cette dernière, et que nous allâmes ensemble au Cabinet des Estampes, dont les sculptures lui servirent à merveille, et où il retourna plusieurs fois pour terminer son travail.

A cette époque, il voyait de temps en temps Meissonier, dont il admirait beaucoup le talent, et à qui il demanda une de ses études pour la copier. Celui-ci posa un jour devant son jeune confrère pour une des figures du *Mariage espagnol.* Fortuny fit aussi un portrait de lui dont la ressemblance est étonnante. Dans ce portrait, que j'ai vu dans l'atelier de la *via Flaminia,* Meissonier est représenté dans une pose cambrée et porte à la ceinture un grand sabre recourbé.

Je voyais souvent Fortuny à l'époque de ce séjour, le plus long qu'il ait fait à Paris. Un goût commun pour les objets d'art, qui nous avait rapprochés, resserra davantage notre liaison. Comme je parlais et écrivais sa langue, nous pouvions nous livrer à une causerie et à une correspondance intimes, ce qui lui était moins facile avec ses amis de Paris, car sa timidité naturelle augmentait encore son embarras à s'exprimer en français. Souvent il venait dîner chez moi en compagnie de sa femme, de son beau-frère et de quelques amis espagnols. Toute étiquette était bannie de nos réunions, et la soirée se passait à causer ou à chanter des séguidilles, des *jotas* et des *malagueñas*. Pagans nous faisait entendre sa voix charmante, accompagnée par Rico, aussi habile comme *guitarrero* que comme peintre, et on ne se quittait qu'après avoir épuisé le répertoire. Gustave Doré était parfois des nôtres, ainsi qu'Édouard de Beaumont, qui fut jusqu'au dernier moment un des meilleurs amis de Fortuny. Entre deux *rondeñas,* on discutait sur la forme d'une épée ou d'une armure du XVe siècle. Fortuny et Beaumont échangeaient leur crayon, et les feuilles de papier se couvraient de croquis.

Un soir que Fortuny était chez Zamacois, il commença le portrait de ce peintre sur une planche de cuivre pour lui apprendre les procédés de l'eau-forte, et le termina ensuite en quelques séances. L'auteur de l'*Éducation d'un prince* y est représenté de profil, assis devant une table. C'est également en 1869 qu'il avait fait à Rome trois belles eaux-fortes, encore inédites : *Saint Jérôme dans le désert,* l'*Amateur de plantes* et le *Poëte*. Il avait encore fait à Madrid, l'année précédente, une eau-forte représentant un *Vieillard,* d'après un vétéran de la guerre de l'indépendance, — le portier de M. Federico de Madrazo.

Fortuny dessinait à la plume avec une habileté merveilleuse, et se plaisait à orner d'illustrations les lettres qu'il écrivait à quelques amis privilégiés. M. W. Stewart, M. de Goyena et l'auteur de ce travail possèdent un bon nombre de ces lettres, qu'ils conservent comme de précieux souvenirs. Dans la suivante, adressée à M. W. Stewart, figurent deux charmants dessins à la plume enlevés avec une verve prodigieuse. L'un représente une noce à une mairie, à Paris, avec des types de mariés et d'invités pris sur nature; dans l'autre, l'auteur s'est dessiné lui-même avec son beau-frère Ricardo de Madrazo, tous deux boutonnés jusqu'au cou, et traversant les Champs-Élysées par un temps de pluie pour se rendre à la noce de notre ami Rico.

Voici cette lettre, que je traduis de l'espagnol, comme celles qui suivent :

A Monsieur W. Stewart.

Paris, dernier jour de 1869.

Cher monsieur Guillermo, je voulais hier aller vous souhaiter la nouvelle année, mais il faisait un froid! J'en ai souffert toute la journée, et le temps s'est passé je ne sais comment. Il est vrai que la noce de Rico a été interminable : comme vous n'étiez pas ici, je vous envoie un croquis d'un des bancs de la mairie, un banc de mariés, ou pour mieux dire un banc de singes. Jésus ! de ma vie je n'ai vu des mariés plus laids !

Aujourd'hui est arrivé votre tableau de la *Modela*, et je pense m'y mettre quand j'aurai fini celui de la *Vicaría*, auquel il manque peu de chose, et que j'espère livrer dans quinze jours...

A vous.

FORTUNY.

Le séjour de Paris ne lui faisait pas oublier ses amis de Rome, comme le montre une lettre adressée à Simonetti. Ce dernier fut, quoi qu'on ait dit, son seul élève, et il lui donnait des conseils avec la franchise d'un véritable ami. « Je ne prétends pas, écrivait-il, te faire ces observations comme ton maître; mais je te prie de les recevoir comme ami (*Non pretendo farti queste avvertenze come maestro, solo gradiscele come amico*). »

Fortuny, qui avait horreur de l'étiquette et des cérémonies, ne voyait que fort peu de monde à Paris. « ... Je ne vais nulle part, écrivait-il à M. d'Épinay le 19 février 1870. L'autre jour, Alexandre Dumas fils est venu m'inviter de la part de la princesse Mathilde, et je ne veux même pas y aller... » On a raconté à ce sujet que le peintre avait refusé d'aller chez la princesse parce qu'il n'avait pas d'habit. Le fait n'est pas exact. Un jour, Dumas fils vint en effet lui dire qu'elle le priait à déjeuner. Or, Fortuny avait horreur de l'habit noir, de la cravate blanche et du chapeau en tuyau de poêle. Je me souviens même qu'il me raconta un jour l'anxiété qu'il avait éprouvée à ce sujet, lors de son mariage, et sa joie quand on lui permit de se dispenser des exigences de la mode. Il répondit donc à Dumas qu'il était désolé, mais qu'il n'avait pas d'habit. « Eh bien! vous viendrez en redingote. » Et il alla en redingote déjeuner chez la princesse Mathilde.

Cependant Fortuny venait de terminer son *Mariage espagnol*. Exposé chez Goupil, au printemps de 1870, ce merveilleux tableau avait produit dans Paris une sensation extraordinaire; un talent si original, si nouveau, ne pouvait manquer d'exciter l'enthousiasme de Théophile Gautier; il le laissa déborder tout entier dans son feuilleton du *Journal officiel* (19 mai 1870) :

« Le nom qui a été le plus souvent prononcé depuis quelques mois dans le monde des arts est à coup sûr celui de Fortuny... Une question que ne manquaient pas de s'adresser en se rencontrant les artistes et les amateurs était : « Avez-vous vu les tableaux de Fortuny? » Car Fortuny est un peintre d'une originalité merveilleuse, d'un talent accompli et déjà sûr de lui-même, quoique l'artiste ait à peine atteint la limite d'âge d'un élève concourant pour le prix de Rome. C'est une révélation inattendue, une explosion soudaine, pour Paris, du moins, que Fortuny n'a fait que traverser...

« Les artistes voyageurs et les élèves qui revenaient de la villa Medici parlaient bien d'un jeune homme admirablement doué et qu'ils regardaient comme *très-fort*, travaillant à Rome d'une manière fantasque et en dehors de toute influence d'école; mais le nom étranger qu'ils citaient n'étant soutenu d'aucune œuvre ne restait pas dans la mémoire. *Le Mariage dans la vicaria de Madrid, le Charmeur de serpents*, tableaux de chevalet; *le Marchand de tapis au Maroc*, *le Café des Hirondelles*, *le Kief*, aquarelles d'une force de ton qui lutte avec l'huile, donnent une valeur incontestable au nom de Fortuny, et prouvent que les récits qu'on en faisait n'avaient rien d'exagéré.

« Avant de mettre sous les yeux de nos lecteurs, — autant que des mots peuvent représenter des couleurs et des formes, — ces œuvres originales et charmantes, quelques lignes de notice biographique sur Fortuny viendraient peut-être à propos... »

Suivent quelques détails, peu exacts pour la plupart, et qui néanmoins ont été reproduits il y a quelques mois dans plusieurs articles nécrologiques. Ainsi Th. Gautier donne comme l'année de la naissance de Fortuny 1839, au lieu de 1838, et ajoute qu'il obtint le prix de Rome en 1856, tandis que ce fut en 1857.

J'ajouterai ici quelques particularités peu connues sur le tableau dont on va lire la description. La scène ne représente pas la *vicaría* de Madrid, ni aucune sacristie existante. Le peintre avait emprunté son fond à différentes églises : par exemple, la grille, de style *churrigueresque*, appartient à la cathédrale de Grenade, et d'autres détails à une église de Rome, — celle où il contracta en 1869 une fièvre pernicieuse. — Deux figures de femmes sont des portraits : Mme Fortuny et Mlle Isabel de Madrazo, sa sœur. Ce fut Meissonier qui posa pour le *señor* dont parle Gautier, celui qui « se tient fièrement campé, en habit vert choux à longues basques, sanglé d'une large ceinture d'où pend un long sabre de cavalerie. »

« Le mariage que représente Fortuny a lieu dans la sacristie d'une église de Madrid : vaste sâlle aux murailles tapissées en vieux cuir de Cordoue passé de ton, vaguement gaufré d'or et de ramages aux couleurs éteintes. Une grille ouvragée avec un merveilleux luxe de rinceaux et d'arabesques de ce style que les Espagnols appellent *churrigueresco* et qui correspond au *rococo* français, sépare la sacristie de l'église. Des lampes pendent du plafond. Des tableaux de martyres, des miroirs de Venise aux bordures ovales richement sculptées, des bancs de bois curieusement découpés et rendus polis comme du métal par le long usage, une bibliothèque à hauteur d'appui, où sont rangés les missels, les évangiles, les antiphonaires et tous ces vénérables in-folio à coins et à fermoirs de cuivre qui ne s'ouvrent que sur le lutrin, des tables grandes et petites, un *brasero* d'un travail exquis forment l'ameublement de cette pièce où se signe le contrat, car il n'y avait pas alors et il n'y a pas encore de mariage civil en Espagne. D'après l'indication des costumes, la scène se passe à la fin du dernier siècle ou au commencement de celui-ci; les modes sont à peu près celles dont Goya habille les personnages de ses *caprichos*.

« C'est un vieux beau, ayant encore des restes d'élégance, qui épouse une jolie fille pauvre. Il se penche vers la table avec une pose d'une grâce affectée, le jarret tendu, les pieds en dehors comme un danseur, et appose sa signature à la place que lui indique un *escribano* obséquieux. Le marié est vêtu d'un habit lilas tendre à la française, de la coupe la plus galante, et il porte, aplati sous le bras, un claque en demi-lune. En se courbant, il montre un crâne légèrement déplumé, et la jeune épousée ne pense qu'à sa toilette de mariée, qui est la plus fraîche et la plus coquette du monde : une robe de satin blanc recouverte de dentelles, dont les fleurs brillent comme des paillettes, et sur le coin de l'oreille, parmi des cheveux noirs ébouriffés, un petit bouquet de fleurs d'oranger. Pendant qu'une amie lui parle, elle regarde avec une attention distraite les dessins coloriés de son éventail, le plus riche qu'elle ait possédé. Il est difficile d'imaginer une tête d'une grâce plus piquante et plus espagnole, avec ses longs cils qui ont l'air de papillons noirs palpitant sur des roses. Son amie aussi est fort gentille dans sa jupe bouffante de taffetas du rose le plus vif. De l'autre côté se tient la mère, une de ces vieilles qu'on appelle familièrement en Espagne « la tia Pelona, la tia Tomasa », vraie chevaucheuse de balai, qu'on a habillée avec « les décrochez-moi ça » du *Rastro*, le Temple de Madrid. Une mantille de dentelle noire lui enveloppe la tête et les épaules; ses maigres hanches sont bridées par une basquine étroite, et ses pieds barbotent dans des souliers avachis. Un peu en avant du groupe se tient, fièrement campé, un señor en habit vert-choux à longues basques, sanglé d'une large ceinture, d'où pend un sabre de cavalerie. C'est un ami du marié ou peut-être le parrain de la *novia*. Quelques femmes, brillamment parées et jouant de l'éventail, parmi lesquelles on distingue une délicieuse blonde, se rapprochent afin de mieux voir la mariée, et l'une d'elles se retourne et donne une pièce de monnaie à un pénitent qui quête pour les âmes du purgatoire. C'est un étrange fantôme que ce pénitent masqué, au torse nu, sillonné de coups de discipline, aux jambes grêles, culottées de noir, qui colporte sur le bassin où il reçoit les aumônes une petite âme en bois sculpté sortant d'une flamme rouge. Dans l'angle, du même côté, est assis un vieux monsieur à qui ses lunettes, brillantées par une lumière frisante, donnent l'aspect d'un hibou.

« A droite, au premier plan, s'étale sur un banc de bois à dossier un robuste gaillard, aux favoris taillés en demi-cercle sur la joue, ayant le *moño* ou chignon, portant la veste brodée, la ceinture, la culotte courte et les bas de soie du torero. Ce doit être un *espada* de quelque renom, à en juger par la richesse de son costume et la nonchalance superbe de sa pose. Près de lui se prélasse une manola haute en couleur, dans une toilette voyante, allongeant ses pieds chaussés de mules hors d'une jupe jaune paille mouchetée de petites fleurs roses. Une de ses mains joue avec les franges du corsage, et l'autre agite un large éventail. Au dossier du banc s'accoudent avec une familiarité respectueuse quelques hommes vêtus en majo — *vestidos de majo* — qui paraissent appartenir à la *cuadrilla* de l'épée... Rien ne rattache ce groupe à l'autre, et tout ce monde a bien l'air d'être là pour son propre compte. Ce torero et la manola attendent leur tour de passer.

« N'oublions pas, dans cette description, l'ecclésiastique qui se tient debout près de la table, vers laquelle le vieux beau se penche pour signer. C'est un chef-d'œuvre de vérité et de finesse. Indiquons aussi deux autres prêtres ou sacristains d'une étonnante justesse de mouvement, qui arrangent des papiers sur un petit bureau placé plus loin vers la gauche.

« Le brasero, placé à l'angle gauche du tableau, meuble très-habilement ce coin de la composition, que l'artiste, pour éviter la symétrie trop exacte, n'a pas peuplé d'autant de figures que le côté droit.

« Voilà à peu près la plantation et la mise en scène du tableau; mais ce qui est plus difficile à exprimer, c'est le goût charmant, la grâce exquise et l'originalité inattendue de cette peinture qui a toute la fleur de ton d'une esquisse, et tout le fini du chef-d'œuvre le plus précieux. A côté de morceaux traités largement s'accusent des détails d'une finesse extraordinaire, qui arrêtent et précisent les masses sans rien leur ôter de leur mouvement et de leur souplesse.

« L'idée la plus juste qu'on pourrait donner de cette toile singulière serait une ébauche de Goya reprise et retouchée par Meissonier. On y trouve en effet toute la liberté fantasque du peintre espagnol et toute la scrupuleuse vérité du peintre français; il faut y ajouter l'individualité de Fortuny, qui fait vibrer la note entre ces deux influences, qui ne la dominent pas.

« Quel coloris harmonieux dans sa hardiesse, qui ne craint pas d'emprunter des tons à la palette japonaise, des tons exotiquement rares, ravivant des gris de perle, et des bruns neutres! Quelle touche légère, spirituelle, expressive! Quelle science du dessin dans ces petites figures si élégamment campées, d'un mouvement si naturel et si vrai, d'un geste si expressif! »

On ne peut rien ajouter à la merveilleuse description de Th. Gautier, qui consacra la réputation de Fortuny.

Au mois de juin 1870, Fortuny quitta Paris pour Madrid, où il séjourna un mois, et après s'être arrêté à Séville, où il fit une étude de l'*Escalier de la Casa de Pilatos*, il alla se fixer à Grenade, et s'installa dans la *fonda de los Siete Suelos*, sur la colline même de l'Alhambra, à quelques minutes de l'ancien palais des rois mores. La tranquillité du séjour, qui avait tant charmé Henri Regnault, la beauté du climat, la facilité de la vie, la poésie des monuments moresques, tout lui plaisait à Grenade, et, plus d'une fois, il m'a dit que les deux années qu'il y passa comptaient parmi les plus heureuses de sa vie. « Figure-toi, écrivait-il à Simonetti peu de temps après son arrivée, la Villa Borghèse au sommet d'une montagne entourée de tours moresques, et au centre le plus beau palais arabe, d'un tel luxe et d'une si grande finesse d'ornements que les murs paraissent couverts de guipure. On n'y souffre pas de la chaleur; on y vit avec tant de liberté qu'on se croit chez soi. Je pense rester ici jusqu'en septembre, et aller ensuite à Séville, puis au Maroc, où Regnault et Clairin sont établis et travaillent. »

Le goût et la recherche des objets d'art étaient, à Grenade comme à Rome, le délassement favori de Fortuny, la principale diversion à ses travaux : les armes, les étoffes, les broderies anciennes, et surtout les faïences hispano-moresques étaient l'objet de sa prédilection; c'est au sujet d'une *Histoire* de ces faïences, publiée par moi en 1861, que commencèrent nos relations. A la première entrevue, il nous semblait nous connaître depuis longtemps. Parfois le peintre devenait céramiste à ses moments perdus; un jour, il faisait part à son beau-frère du résultat de ses essais : « Cher Raymundo, lui écrivait-il, j'ai été l'autre jour dans une faïencerie faire des essais de *reflets métalliques*, et malgré la mauvaise condition du four, ils sont bien venus : j'ai obtenu trois tons, dont un d'une couleur et d'une vigueur qui ne se voient que dans peu de plats; ainsi, ce n'est pas une difficulté, et celui qui voudrait s'en occuper arriverait bientôt à la perfection. » Il avait toujours l'idée de s'amuser à peindre sur faïence, mais ce projet ne fut jamais réalisé.

Dans les lettres qu'il écrivait de Grenade, peu de temps après son arrivée, Fortuny parle d'un magnifique vase de faïence hispano-moresque qu'il avait découvert et qu'il espérait obtenir : « Si je réussis, disait-il, j'aurai la plus rare pièce de faïence qu'il y ait au monde. » En attendant, il achète de splendides étoffes et un merveilleux manuscrit français du quinzième siècle.

Cependant la guerre franco-prussienne vient de commencer; la France a déjà essuyé de graves revers; des haines anciennes, que le temps aurait dû effacer, se réveillent à Grenade contre une nation voisine et amie. Fortuny se souvient de l'accueil qu'il a reçu à Paris; son noble cœur et son esprit élevé s'indignent contre tant de rancunes, et voici ce qu'il écrit à M. de Madrazo, qui n'avait pas craint de s'enfermer avec nous dans Paris :

Cher Raymundo,

Je regrette d'être sans nouvelles de toi et de n'en avoir aucune de Paris, surtout dans les circonstances présentes... Je comprends ce que la situation a de triste; mais j'aimerais mille fois mieux être à ta place que de me trouver en Espagne, où je suis témoin de la partialité pour la Prusse et de la malveillance à l'égard des Français. Je n'ai encore entendu personne qui leur rende justice, et qui parle avec un jugement sain. Tous, tous, désirent la défaite des Français et voient déjà les Prussiens dans Paris. Je te dis qu'il y a de quoi rougir d'être Espagnol en présence des sentiments mesquins de nos compatriotes.

Il arrive ici par hasard des nouvelles de France qu'on discute et qu'on altère; on les nie si elles sont favorables, tandis que tout ce qui est prussien est grossi et glorifié ; enfin, quand on parle des Français, on ne le fait qu'avec un sourire de compassion. Ajoute à cela que les Carlistes sont entrés dans différents endroits, et que les Républicains croient que leur dernier jour est arrivé. Le gouvernement, qui ne paye personne, doit même aux *serenos*. Ici, à Grenade, on doit neuf mois de gaz; de manière que le jour où l'usine perdra patience, nous serons dans l'obscurité...

A toi.

FORTUNY.

Rome est devenue capitale de l'Italie, et le fils de Victor-Emmanuel vient de monter sur le trône d'Espagne; cet événement vaut une lettre à l'ami Martin Rico, qui se trouvait à Madrid :

Grenade, 18 novembre 1870.

Très-cher Martin, si je ne t'ai pas écrit plus tôt, c'est à cause de la paresse qui me caractérise : ne t'étonne pas si je le fais aujourd'hui, car d'après un journal que je viens de lire, il paraît que, nous autres Espagnols, nous sommes tous dans la jubilation à la suite de la proclamation du roi Amédée, et que nous devons nous féliciter d'une si heureuse nouvelle. Quel dommage que tu ne sois pas ici pour la fêter, avec quelques *séguidilles* de ton répertoire à quatre couplets pour deux *cuartos?*

... Nous travaillons assez, et avons le désir de bien employer notre hiver, car les sujets de tableaux ne manquent pas; je trouve d'excellents modèles à bon marché; ma peinture vaudra presque celle de .... Viens donc, mon cher, et tu feras une œuvre de charité : nous nous encouragerons réciproquement, et nous ne rétrograderons pas, ce qui peut arriver si facilement en ce pays béni... Je suis venu ici parce qu'il n'y a pas de peintres... C'est plus pittoresque que Séville, la vie y est moitié moins chère, et on est entièrement indépendant. J'ai toute une maison pour atelier; on peut y peindre en plein air, sans voisins, et j'ai la vue sur la *Vega*, avec des effets de soleil magnifiques.

A toi.

FORTUNY.

Grenade, 25 novembre 1870.

Cher Martin, je suis enchanté d'apprendre que tu es disposé à venir, et je crois que nous passerons un bon hiver : nous peindrons des *patios* et des *Gitanos à volonté*. Ne te préoccupe pas de Zamacois, il ne viendra pas; et s'il venait, il ne resterait pas quinze jours à Grenade; tu connais son caractère : cette tranquillité et cette absence de mouvement ne lui plairont pas.

... Je voudrais te donner la commission de demander à la bibliothèque de l'Escurial un manuscrit arabe de 1400, sur le jeu d'échecs; il est orné de miniatures, sûrement italiennes : tu verras s'il contient des costumes, des armes et autres détails pouvant servir pour des tableaux; en ce cas j'en ferais prendre des extraits dont j'ai besoin pour un petit tableau que je compte faire...

A toi.

FORTUNY.

Fortuny ne devait pas revoir son pauvre ami Zamacois, enlevé, à Madrid, peu de temps après, par une angine couenneuse; il dit tout son chagrin à M. W. Stewart :

Grenade, 30 janvier 1871.

Très-cher monsieur Guillermo... Je voulais vous écrire la mort de Zamacois, mais j'en étais tellement attristé que le courage m'a manqué. Je ne puis encore croire que je ne le verrai plus, et il me sera bien difficile de le remplacer dans mon souvenir.

Nous travaillons beaucoup, et j'enverrai bientôt quelque chose à Goupil. J'ai beaucoup pensé à vous et à vos conseils; aussi vous verrez un petit tableau avec de petites figures, genre de Meissonier, mais qui n'aura pas son mérite...

Votre ami,

FORTUNY.

Le petit tableau dont il est question dans cette lettre, et qui appartient à M. W. Stewart, représente la *Halte des voyageurs*, et est peint avec une finesse merveilleuse. M. de Goyena en possède un très-joli dessin à la plume. Fortuny écrivait, peu de temps après, à cet ami :

Grenade, 28 février 1871.

Cher ami Goyena... Raymundo nous écrit qu'il est en bonne santé, et qu'il a peu souffert pendant le siége... Il nous apprend une triste nouvelle : la mort de notre ami Regnault, tombé sur le champ de bataille dans la dernière sortie. Quel malheur! Que vont devenir son vieux père et son ami Clairin? Nous avons encore appris aujourd'hui la mort de Giraud. Voilà une année fatale pour les artistes...

J'ai deux tableaux terminés, et je vous envoie un croquis du plus petit pour vous en donner une idée. Rico qui est avec nous, et qui nous régale de sa guitare, vous remercie de votre lettre... Quand j'aurai envoyé mes tableaux, je me permettrai une escapade à Séville; je crois que ce sera pour la fin de mars.

A vous.

FORTUNY.

La guerre, à peine terminée, est suivie bientôt d'une lutte plus triste encore. Fortuny m'écrit, et me demande des nouvelles des amis :

A Monsieur le Baron Davillier.

Grenade, mars 1871, *Fonda de los Siete-Suelos.*

Mon cher ami, je suis heureux de savoir qu'il ne vous est rien arrivé après tant de malheurs. Je n'ai pas besoin de vous dire que pendant toute la guerre j'ai été dans l'anxiété en pensant à vous; et à peine tranquillisé, voici la Commune qui me fait de nouveau trembler pour vous.

... Et l'ami Beaumont ? J'espère qu'il est en bonne santé... Pour moi, j'ai quelques tableaux commencés, et beaucoup en projet. Grenade est une mine inépuisable; mais vous la connaissez et je ne vous en dis pas plus long. J'ai un tableau en train, et j'en espère un bon résultat, mais ce sera en vous mettant à contribution pour les documents et les détails; personne mieux que vous à Paris ne pourra m'être utile en cette occasion.

En fait d'objets d'art que j'ai trouvés, je vous citerai surtout un magnifique manuscrit du quinzième siècle, orné de nombreuses miniatures très-bien conservées, et du meilleur style, avec les armes et le portrait du possesseur..., etc. J'en ferai faire des photographies et je vous les enverrai pour que vous m'en disiez votre avis. J'ai pour Beaumont quelques livres d'escrime, et une curieuse note relative aux armes, copiée dans un document du quatorzième siècle. Tenez-moi au courant des nouvelles de l'art et de la curiosité.

A vous.

FORTUNY.

Le vase que convoitait Fortuny avait enfin été acquis par lui, et faisait l'ornement de son atelier de Grenade : c'est une pièce extraordinaire, qui égale en grandeur et en beauté le fameux vase de l'Alhambra, et qui a sur celui-ci l'avantage d'être complet; un autre vase, très-curieux aussi, mais incomplet, était venu faire pendant au premier. L'heureux amateur fait part de ses acquisitions à ses amis : il en envoie un croquis à Simonetti, à M. de Goyena, à Rico, et je reçois dans une lettre *in-folio* le charmant dessin du vase, que j'ai donné en fac-simile dans le catalogue de sa vente :

A Monsieur le Baron Davillier.

Grenade, 27 novembre 1871.

Mon cher ami ... Vous ne pouvez vous figurer le plaisir que j'ai à recevoir de vos nouvelles; je voulais vous écrire de suite, mais j'ai été très-occupé ces jours derniers par mon changement de maison et pour l'installation de mon atelier; j'y ai même passé plus de temps que je n'aurais dû. Enfin me voici installé, et je puis vous offrir ma maison quand vous voudrez que je vous en fasse les honneurs.

J'aurais bien voulu me trouver avec vous à Madrid, et voir aussi l'ami Doré; mais je revenais d'Afrique... J'espère avoir le plaisir de le voir en Espagne une autre fois.

Je serai bien content de voir l'aiguière de verre émaillé que vous venez d'acheter; vous savez que je suis à vos ordres pour vous en faire une eau-forte; seulement je vous supplie de ne pas vous faire d'illusions sur mon habileté : de toute manière j'essayerai de faire le mieux possible.

Et avez-vous acheté beaucoup d'objets en Espagne? Ici, il ne reste presque rien; pourtant je n'ai pas à me plaindre, car le peu que j'ai trouvé est bon. Voici un croquis du vase arabe : il est très-beau et surtout en bon état; il est de couleur jaune bistre, avec reflets nacrés et violacés; il me plaît beaucoup à cause de ses ornements, qui sont du meilleur style moresque [1].

Je crois également intéressant l'*azulejo* que je vous dessine ci-dessous, et qui mesure la bagatelle de 0m95 sur 0m45; il est aussi à reflets métalliques, et l'ornementation est d'un goût exquis; j'ignore encore le sens des inscriptions... En fait d'armures, le croquis de ce casque vous plaira : il est très-simple, mais d'une bonne forme et merveilleusement ciselé [2] : j'aurai du plaisir à le montrer à de Beaumont. Le petit vase est de verre, et me paraît curieux parce que bien que son travail soit semblable à celui des verres de Murano, la forme en est purement hispano-arabe; le verre est verdâtre et grossier. Vous me direz votre avis sur tout cela... Tenez-moi au courant des nou-

1. Ce magnifique vase figure dans le Catalogue de la vente Fortuny, et le dessin en question y est reproduit en fac-simile.

2. Ce carreau de faïence, aussi rare par sa dimension que par la beauté de ses ornements, est du quatorzième siècle, et porte l'inscription : « *Gloire à notre maître le Sultan Aboul Hâdjhâdj Nacir l'din Illah.* » Il figurera à la vente Fortuny, ainsi que le beau *casque de parement* du temps de Charles-Quint.

velles de l'art et de la curiosité. Je suis ici comme dans un village : tous les jours se ressemblent, on ne sait rien.

Au sujet de mes travaux, que vous dirai-je ? Je viens de terminer un petit tableau que je pense envoyer à Goupil, et dont je ne suis pas très-satisfait; mais il est insatiable, et il faut que je lui envoie toujours quelque chose. J'ai, de plus, divers tableaux ébauchés; il y en a un dont j'espère obtenir un bon résultat, surtout parce que c'est une vue du *Patio de los Arrayanes* (Cour des Myrtes) de l'Alhambra; le motif est assez original : je voudrais représenter un corps de garde arabe, ou vestibule du palais, et pour cela j'ai besoin de documents sur les costumes; vous savez quelle est la rareté de ces documents, et combien il en reste peu en Espagne : j'ai fait feuilleter les manuscrits de l'Escurial, et je n'ai trouvé que très-peu de chose; c'est pourquoi je ne crains pas de vous prier de demander, quand vous irez à la Bibliothèque, les *Séances de Harîrî,* et de voir s'il y a dans les miniatures quelques costumes arabes ou moresques; je vous en serai très-reconnaissant, car vous me serez d'une grande utilité...

Recevez les tendresses de votre ami

FORTUNY.

Ma maison est à votre disposition : Realejo Bajo, nº 1.

A Monsieur le Baron Davillier.

Grenade, (26) décembre 1871.

Cher baron, j'ai reçu votre bonne lettre que je conserverai comme de l'or en barre à cause des documents et des notices qu'elle me donne... Je n'ai rien pu trouver en fait d'objets chrétiens. Il faudra que je voie M. Gongora, un antiquaire d'ici. Vous connaissez les inscriptions trouvées au *Sacro-Monte*, et le célèbre procès du P. Echeverria sur les contrefaçons d'antiquités chrétiennes. Pour les objets laissés par les rois catholiques Ferdinand et Isabelle, nous sommes plus heureux, car si tout n'a pas été conservé, il reste au moins quelque chose, et on garde encore dans la *Capilla Real* les objets que voici. (Suivent quatre dessins représentant l'épée de Ferdinand, sa couronne, le sceptre et le coffret d'Isabelle.)

Il y a en outre un livre d'heures d'Isabelle la Catholique, le rétable de son autel de campagne, les étendards enlevés lors de la prise de Grenade, et son magnifique *terno*[1] brodé aux armes de Castille et d'Aragon, d'un goût et d'une richesse uniques. Il y avait aussi des tapisseries dont je possède quelques fragments en très-mauvais état...

J'ai en vue un coffret d'ivoire de la même époque que le vôtre, mais de forme différente; il est assez bien conservé, mais le possesseur ne veut me le céder qu'en échange d'un tableau. Combien avez-vous payé le vôtre? Je n'ai aucune idée de ce que je puis donner, soit en argent, soit autrement. Si vous voulez faire restaurer le couvercle de votre coffret, j'ai un dessin exact de celui qui a été vendu à Cordoue.

J'ai recueilli quelques faïences ornées de bleu avec reflets métalliques, entièrement pareilles à celles qu'on appelle *Siculo-Arabes*, et cependant elles sont sans aucun doute originaires de Grenade. J'ai rencontré quelques fragments des verres arabes qui existaient dans la *Sala de Baños*, et dont parle Navagiero. On ne voit rien en fait de verres arabes, bien qu'on en ait trouvé dans des *babucheros* enduits de plâtre, découverts par hasard. Je vous en dirai autant des manuscrits arabes avec leurs enveloppes de *tafilete*. Le bijou qui représente un dragon n'a pas, je crois, son

1. C'est le nom qu'on donne en Espagne à un vêtement ecclésiastique complet, composé de la chasuble et des deux dalmatiques.

TORERO ANDALOU

Héliog.re Amand-Durand. Imp. A. Durand, Paris.

LA FILLE DE FORTUNY REGARDANT UN OISEAU MORT

d'après un dessin original appartenant à M.r Federico de Madrazo.

pareil. (Suit le croquis d'un bijou d'or émaillé de ma collection, que Fortuny dessinait de souvenir.)

Le papier va me manquer, et j'ai encore beaucoup de choses à vous dire et à vous demander... J'abuse déjà assez en vous adressant une lettre aussi indéchiffrable... Le numéro gagnant de la maison pour laquelle vous aviez pris un billet est échu au propriétaire même. Cette maison ne valait pas grand'chose, mais la vue y est admirable, et on peut dire que c'est le balcon du royaume de Grenade; je l'ai habitée il y a un an.

Mes souvenirs aux amis de Beaumont, Pagans, etc.

Votre ami,

FORTUNY.

La lettre qu'on vient de lire est accompagnée, comme la plupart de celles que m'adressait Fortuny, de dessins à la plume d'une exécution charmante. Parmi ceux qui datent de son séjour à Grenade, il en est deux qui figurent dans le volume, et que je dois signaler particulièrement. C'est d'abord *une Petite fille regardant un oiseau mort*, qu'il fit un soir à la lueur d'une lampe, sur la table de la *fonda de los Siete Suelos* : ce précieux dessin, qui est le portrait de sa fille Maria-Luisa, à l'âge de trois ans, appartient à M. Federico de Madrazo.

L'autre dessin appartient à M. de Goyena, à qui Fortuny l'avait offert en y ajoutant sa dédicace. Il représente un *torero andalou* appuyé sur une table, et dont le teint bronzé montre qu'il appartient à la race des *Gitanos*. La tête, encadrée de favoris épais, est coiffée de la *montera* de velours noir; le *marsille*, veste surchargée de broderies, est jeté sur l'épaule; la culotte courte et les bas de soie complètent le costume traditionnel. Il est impossible de rien voir de plus spirituellement fin que ce ravissant petit dessin.

Je ne dois pas oublier non plus un très-beau dessin qu'il exécuta sur bois avec un roseau fendu, comme ceux dont se servent les Arabes, et qui fut gravé pour un journal de Madrid, *la Ilustracion*, sous le titre de *el Secuestrador* (le *Rançonneur*). Il avait pris pour modèle un de ces galériens à moitié libres qu'on emploie aux travaux de l'Alhambra, et qu'il fit poser dans l'attitude d'un malfaiteur lié sur une chaise au moyen de cordes.

Il est un autre modèle dont je dois aussi dire quelques mots, parce qu'il s'en servit pour plusieurs de ses tableaux et de ses études : c'est un *aguador* (marchand d'eau) de Grenade, à la figure avinée, qu'il habillait dans le costume du personnage qu'il voulait représenter; il figure notamment dans deux charmants tableaux de la collection de M. W. Stewart : *l'Arquebusier* et *l'Ivrogne*.

Fortuny, du reste, ne travaillait jamais sans modèle: lorsqu'un sujet attirait son attention, il le retraçait d'abord rapidement, et s'aidait ensuite de la nature pour compléter sa première impression. Il retraça ainsi une scène qui l'avait frappé vivement à Grenade : l'*Enterrement pendant le carnaval*. Des masques aux costumes grotesques, qui dansent en pleine rue, se croisent avec le convoi d'une jeune fille dont le corps est porté dans un cercueil ouvert, comme cela se pratique en Espagne, et dont la figure est blêmie par la mort : cette grande toile, d'un réalisme saisissant, est restée inachevée, ainsi que les *Cavaliers*, une très-belle impression, souvenir du dernier voyage que Fortuny fit au Maroc à la fin de 1871, et dont je dirai ici quelques mots.

Parti de Grenade au mois d'octobre, il s'embarqua à Malaga avec les peintres Ferrandiz et Tapiró, ses amis. Après avoir touché à Gibraltar, ils débarquèrent à Tanger, où ils retrouvèrent Clairin, que Fortuny avait connu avec Henri Regnault, leur ami commun, et qui leur servit de cicerone avec la plus grande obligeance. Fortuny m'a parlé plusieurs fois de ce séjour, pendant lequel il commença son tableau des *Rémouleurs ;* il se souvenait notamment d'une fête arabe que Clairin donna chez lui aux trois voyageurs. Ils firent ensuite à cheval le voyage de Tétouan, et Fortuny leur expliqua sur le champ de bataille de Wad-Ras toutes les péripéties de la lutte dont les Espagnols étaient sortis vainqueurs.

Outre cette excursion d'une quinzaine de jours au Maroc, Fortuny en fit une autre à Guadiz, en compagnie de Clairin, qui avait été lui rendre visite à Grenade; les lignes grandioses de cette contrée montagneuse le frappèrent vivement. Suivant son habitude, il avait presque toujours le crayon à la main, traçant vivement un croquis pendant qu'on sellait sa monture ou qu'on faisait cuire les œufs à la *posada*.

Nous allons suivre Fortuny jusqu'à la fin de son séjour à Grenade, trop tôt interrompu, malheureusement, par un événement inattendu.

V

1872 — 1873

Suite du séjour de Fortuny à Grenade. — Ses travaux et ses distractions. — Son habileté à forger et à damasquiner les armes : son épée ou *alfange* moresque. — Il se rend à Séville pour la *Feria*. — Un événement imprévu l'oblige à se rendre à Rome pour quelques jours. — Il y retourne définitivement au mois de novembre 1873. — Un magasin de pétrole au-dessous de son atelier. — Dégoût que lui inspire la nouvelle capitale de l'Italie. — Son désir de retourner en Espagne. — Voyage à Naples. — Fortuny travaille aux *Académiciens de Saint-Luc* et au *Jardin des Arcadiens*. — Il s'installe dans la *Villa Martinori*. — Il grave à l'eau-forte plusieurs portraits de Velazquez.

FORTUNY continuait à vivre à Grenade, heureux et tranquille, au milieu de sa famille et de quelques amis. Depuis longtemps déjà il avait quitté la *fonda de los Siete Suelos*, précédemment habitée par Henri Regnault, pour s'installer plus grandement dans une grande maison du *Realejo Bajo*, au pied de la colline au sommet de laquelle s'élève l'Alhambra. On entrait d'abord dans un vaste *patio*, cour découverte, entourée d'une colonnade qu'on retrouve dans la plupart des maisons de Grenade; ce *patio* lui servait d'atelier quand il voulait travailler en plein air; à côté, un jardin d'où la vue était splendide, puis les dépendances et nombre de pièces : tout cela lui coûtait un *duro* (5 fr. 25) de loyer par jour, prix qu'on trouvait exorbitant pour Grenade.

Le temps qu'il dérobait à son travail était employé à forger, à ciseler, et à damasquiner des armes, travaux pour lesquels il avait une vive passion, et qu'il exécutait avec un goût et une habileté extrêmes; ou bien encore à des excursions dans Grenade, à la recherche de ses chères curiosités, et à sa correspondance avec les amis d'Espagne, de Paris et de Rome, qu'il tenait au courant de ses travaux, de ses découvertes ou de ses acquisitions. Laissons-lui la parole : il nous racontera lui-même sa vie, et nous mettra au courant de ses travaux et de ses distractions :

A Monsieur de Goyena.

Grenade, 2 janvier 1872.

Mon cher Goyena,

... Je suis honteux d'avoir été si longtemps sans vous écrire : le temps m'a manqué, ayant été obligé de faire en toute hâte un tableau pour la vente au profit des victimes de Chicago, qui va se faire à New-York. J'ai eu aussi à écrire à Davillier au sujet de quelques documents; mais on ne trouve rien de ce qu'il demande sur les inscriptions chrétiennes des premiers siècles, etc.

Je vous envoie un léger croquis de mon tableau du *Tribunal de l'Alhambra :* ce tableau est assez lumineux, et je crois qu'il donne bien l'idée du site (tel qu'il devait être à l'époque)... J'ai envoyé, outre le petit tableau pour la vente de Chicago, un petit *Arquebusier* pour contenter Goupil, qui me demande de petites choses, et une petite *Étude de poules* que Raymundo me demandait pour M. Stewart...

Votre ami,

FORTUNY.

A Monsieur Martin Rico.

Grenade, 10 janvier 1872.

Cher Martin,

... Nous sommes toujours très-bien ici : Je travaille assez, et le soir je fais de l'aquarelle... J'ai ébauché des *Musiciens arabes* dans un intérieur, et peut-être cela viendrait-il assez bien, mais je suis si las de faire des anciens Mores que je pense en rester là : il est possible que je me mette à peindre quelque sujet moderne... Goyena m'a envoyé des broderies très-intéressantes : un devant d'autel et des chasubles que je crois du temps d'Isabelle la Catholique, et peut-être même plus anciennes; c'est un tissu frisé d'or pareil à celui qui recouvre la cuirasse dite de Boabdil (à l'Armeria de Madrid)...

Ton ami,

FORTUNY.

A Monsieur le Baron Davillier.

Grenade, mars 1872.

Mon cher ami,

Je reçois votre lettre, et je me réjouis d'apprendre que vous avez toujours l'intention de venir en Andalousie; j'irai à la *Feria* de Séville, et nous nous y verrons pour sûr.

Au sujet de l'aquarelle qu'on vous a prié de me soumettre, j'ai le regret de vous dire que je doute fort de son authenticité... Vous comprendrez que si elle était de moi elle porterait ma signature, car il n'est pas de peintre, si humble qu'il soit, qui offre à quelqu'un une aquarelle sans la signer. Je le regrette pour M...., car personne n'aime à avoir une chose douteuse, surtout quand il l'a payée cher. Soyez sûr, cependant, que si elle était de moi je la signerais avec plaisir, et la retoucherais au besoin...

Grande nouvelle! Je viens d'acheter un vase arabe du même caractère et peut-être de la même main que celui de l'Alhambra : il est bleu, et orné de deux cerfs ou gazelles, mais en mauvais état. Je vous en enverrai un croquis, ainsi qu'un livre d'escrime pour de Beaumont. Quand vous viendrez, faites-moi le plaisir de m'apporter les eaux-fortes que Jules Jacquemart a faites d'après la collection d'armes de M. de Nieuwerkerke.

Mille choses aux amis, et tout à vous.

FORTUNY.

Peu de temps après, j'arrivai à Séville, où m'attendait Fortuny, et quand il vit l'aquarelle qu'on m'avait prié de lui soumettre, il se mit à rire, en me disant que c'était une copie, et qu'il savait parfaitement qui l'avait faite. Il paraît que cette industrie a pris récemment à Rome une extension nouvelle. « Il y a ici, m'écrivait récemment un de ses amis de cette ville, une fabrique de *faux Fortuny* qui font la joie et les délices des étrangers...[1] »

C'était le temps de la *Feria* de Séville, cette foire célèbre qui attire, tous les ans, des milliers de personnes venues de toutes les parties de l'Andalousie, et où foisonnent les types et les costumes les plus pittoresques. Raymundo de Madrazo était avec nous; les deux beaux-frères partaient dès le matin, emportant leur boîte à couleurs, et rivalisaient de talent dans de charmantes études de types populaires, comme ces *gitanos* au teint bronzé, et ces jolies *buñoleras* au costume bariolé, qui déploient tant d'agaceries pour attirer les passants vers les tentes où elles font frire leurs beignets dans l'huile.

Peu de temps après, Fortuny repartait pour Grenade, où j'allais bientôt le retrouver. Il connaissait, jusque dans ses plus petits détails, cette ville si curieuse et si riche en souvenirs, que moi-même j'avais visitée plusieurs fois, et que je croyais connaître à fond; mais je ne tardai pas à me convaincre de mon

1. Pour éviter des fraudes semblables, on a imprimé en rouge, sur tous les ouvrages figurant à la vente de Fortuny, un cachet rond portant en rouge le fac-simile de sa signature.

erreur : il n'était pas de jour qu'il ne me découvrît quelque coin intéressant, inconnu aux touristes; la vieille cité moresque lui avait inspiré une telle passion, que, pour m'en faire les honneurs, il négligeait son atelier; je fus même obligé d'exiger de lui qu'il reprît ses travaux, trop longtemps interrompus par nos promenades, et auxquels il avait déjà dérobé bien des heures en forgeant des armes : il me montra, à cette époque, une superbe épée ou *alfange* de style moresque, déjà avancée, et dont il fit plus tard une pièce digne d'un roi de Grenade. Son intention était, comme le montrent les lettres qui suivent, de passer à Grenade l'hiver suivant; malheureusement, on le verra bientôt, une circonstance imprévue l'en empêcha, et l'obligea même à faire, pour une huitaine de jours, un voyage fatigant et ennuyeux à Rome, avant de dire adieu pour toujours à Grenade.

A Monsieur Martin Rico.

Grenade, 3 mai 1872.

Cher Martin,

J'ai appris que tu as l'intention de venir passer ici l'hiver : j'en serais très-heureux, parce qu'ainsi nous n'irons pas en Italie, où je crois qu'on serait mal en ce moment... Davillier est venu ici... Le vase arabe lui a beaucoup plu...

Conte-nous beaucoup de choses sur ce qui se passe, car tu sais qu'ici nous vivons dans une Thébaïde.

A toi.

FORTUNY.

A Monsieur W. Stewart.

Grenade, 15 mai 1872.

Mon cher Monsieur Guillermo,

J'ai reçu votre dernière, et sans perdre de temps j'ai écrit à Simonetti de prendre dans mon atelier la *Tête de nègre* et de vous l'envoyer quand vous serez à Paris.... Je doute beaucoup que cette étude vous plaise, comparée aux bonnes choses que vous avez récemment acquises; mais vous savez que c'est une étude sans prétention, et je ne me fâcherai pas si elle vous déplaît.... (Voyez p. 23.)

Nous continuons à peindre. J'ai commencé quelque chose de moderne, — d'aujourd'hui; mais cela me paraît mauvais; nous verrons ce qu'en dira Raymundo quand il viendra.... On voit que le goût de la peinture augmente, car ici où il n'y a pas de peintres, les acheteurs abondent, surtout les étrangers qui viennent visiter l'Alhambra. Ces jours derniers j'aurais eu l'occasion de faire une infidélité à Goupil.... J'ai grande envie de voir votre galerie, et puisque vous êtes si aimable, j'accepterai, si vous les avez encore, les photographies de vos nouvelles acquisitions: ce sera peut-être un stimulant pour nous engager à travailler davantage.

Votre ami vous embrasse.

FORTUNY.

A Monsieur le Baron Davillier.

Grenade, mai 1872.

Mon très-cher ami,

Je reçois votre lettre, et je regrette de n'avoir pas su que vous passiez par Valladolid; je vous aurais prié d'aller voir un lion de bronze arabe pour lequel je suis en marché, afin que vous me disiez si c'est un objet intéressant et s'il vaut le prix qu'on en demande. Rien de nouveau chez moi, si ce n'est que depuis cinq jours j'emballe mes objets pour Rome; je ne partirai pas avant une semaine, et je me réjouis de vous trouver encore à Madrid; autrement, j'aurai le plaisir de vous voir à Paris, où je pense rester huit jours...

Je suis content d'avoir enfin les bagues et le coffret arabe que nous avions été voir ensemble : je les ai bien payés, mais j'aime mieux cela que d'avoir donné un tableau en échange; maintenant surtout que Goupil est venu me faire une offre pour les tableaux que j'ai en train; savez-vous combien? 450,000 fr.!! Il me semble que je n'ai pas à me plaindre de mon séjour à Grenade.

J'ai aussi acheté un plat à reflets métalliques, le plus ancien et le plus grand, je crois, de ceux que je possède. On en a porté ici plus de deux cents modernes, mais d'aspect ancien. J'ai encore acquis de belles broderies... Un orfévre de Cordoue a acheté 22,000 onces d'argent fondu, provenant d'une des plus anciennes cathédrales d'Espagne. Figurez-vous combien de belles choses à jamais perdues!

Toujours votre ami,

M. Fortuny.

Dans la lettre qui précède, Fortuny me faisait espérer une courte visite à Paris, mais on verra, par celle qui suit, adressée à un de nos amis communs, qu'il se rendit à Rome sans donner suite à ce projet, se bornant à s'arrêter un seul jour à Madrid, et un jour à Nice.

A Monsieur Martin Rico.

Grenade, juin 1872.

Cher Martin,

Mon espoir est déçu à la suite de la mort de mon domestique; tous mes projets sont détruits. Tu sais combien je me réjouissais en pensant à l'hiver agréable que nous devions passer dans quelque endroit de l'Espagne, et combien je me promettais de travailler. Il faut maintenant renoncer à tout cela pour aller à Rome arranger définitivement mes affaires. Tu ne te fais pas l'idée du voyage ennuyeux que j'ai fait, et de ce que j'ai dû dépenser pour garder mon atelier un an de plus : figure-toi qu'on m'a doublé le loyer en m'enlevant la moitié du local. Le pire de tout cela, c'est qu'on profite de l'occasion pour me pressurer la bourse, mais toujours avec beaucoup de politesse : « *Caro mio, mi dispiace tanto ! !...* » J'ai loué une maison pour un an, moyennant 450 francs par mois, et non sans beaucoup de peine; Rome est impossible avec ses prétentions de nouvelle capitale...

J'avais l'intention de passer par Paris à mon retour, mais le voyage a été si ennuyeux que je désirais en finir le plus tôt possible ; je ne me suis arrêté qu'un jour à Madrid pour voir le *Museo Arqueológico.*

Je regrette que M. W. Stewart ait pris la peine de m'envoyer un souvenir, car la *Tête de nègre* n'en valait pas la peine ; figure-toi que c'est une de mes premières toiles, et je ne sais comment elle peut lui plaire ; l'ayant vue accrochée à distance, il aura cru que c'était quelque chose de meilleur.

Je continue à peindre; je vais finir quelques petits tableaux, et en avancer d'autres que je continuerai à Rome *piano, piano*...

Et Gérome, que fait-il ?

Amitiés de tous; à toi.

FORTUNY.

A Monsieur W. Stewart.

Grenade, 8 juillet 1872.

Cher Monsieur Guillermo,

Simonetti est arrivé et m'a porté le souvenir que vous m'aviez annoncé. Je ne sais comment vous remercier, et vous n'aviez pas besoin de cela pour me prouver l'estime que vous m'avez tant de fois montrée... Quant aux tableaux dont Rico vous a parlé, je ne sais desquels il s'agit, car j'en ai six en train, et, pour plus de sûreté, à mesure que je les achèverai, je vous en enverrai les photographies...

Je me réjouis que vous possédiez le tableau de l'*Alhambra;* Simonetti m'a dit qu'il fait bien ; si vous avez l'occasion de le faire photographier, je vous en serai obligé car je n'en ai aucun croquis ni souvenir... D'après ce que vous me dites, je vois que votre collection s'est augmentée de bonnes peintures, et d'une, notamment, qui me plaît extrêmement : c'est la *Femme au perroquet*, de Raymundo... (un petit chef-d'œuvre de M. de Madrazo, le beau-frère de Fortuny).

Pour sûr, nous nous arrêterons tous en octobre à Paris, en nous rendant à Rome, où nous allons passer un an pour arranger mes affaires. Je regrette beaucoup de quitter Grenade, parce qu'ici je pourrais très-bien continuer ce que j'ai en train, et aussi parce que cette ville me plaît beaucoup plus que Rome pour travailler.

J'ai le désir de connaître les tableaux d'Alma-Tadema et ceux de Petenkofen ; si vous pouvez m'en envoyer quelques photographies ou gravures, je vous en serai reconnaissant.

Votre ami,

FORTUNY.

A Monsieur le Baron Davillier.

Grenade (24) août 1872.

Cher ami,

J'ai été heureux de recevoir votre lettre, car, en vérité, j'étais inquiet sur votre compte. Pour moi, comme vous le savez, il m'est arrivé un malheur à Rome. Je suis parti le jour même où j'en ai reçu la nouvelle, craignant de trouver tout bouleversé et saccagé dans mon atelier ; mais, comme on dit : *No hay mal que por bien no venga.* (Il n'y a pas de mal d'où ne vienne le bien.) Il arriva donc que l'homme chargé de mes affaires, se sentant indisposé, se coucha sur le divan de mon atelier, après s'être enfermé, et y mourut subitement ; son corps resta là trois jours, jusqu'à ce que la justice vint ouvrir les portes. Tout resta donc en ordre, grâce aussi à mon ami Vincenzo Capobianchi, qui se chargea de tout. Je ne restai que huit jours à Rome, et avec bien des ennuis, occupé à chercher une maison pour cet hiver. Ce pays m'est très-antipathique, avec sa prétention d'être la capitale de l'Italie. Tout y est plus cher qu'à Paris, avec le confortable en moins, et toujours les fièvres l'été. Nous y passerons la prochaine saison, et nous verrons si nous devons y rester, ou bien retourner en Espagne. Franchement, ne croyez-vous pas, patriotisme à part, que dans notre pays on peut trouver des sujets magnifiques et surtout plus nouveaux.

... Recevrai-je l'agréable nouvelle de l'acquisition de la *Gazette des Beaux-Arts?* Je m'en réjouirais fort... Naturellement vous me mettriez à contribution pour vous aider, soit avec des dessins, soit avec des documents, bien que pour ces derniers je craigne l'insuffisance de mes forces. Mille choses à Ed. de Beaumont, et qu'il vienne me voir à Grenade. Recevez les tendresses de nous tous, et particulièrement de votre ami

FORTUNY.

A Monsieur Martin Rico.

Grenade, août 1872.

Cher Martin,

Nous travaillons beaucoup : j'ai déjà terminé un tableau avec costumes du jour, et j'en tiens un autre représentant des Mores, que je ne pense pas finir ici; mais j'en fais les figures pour profiter de la lumière de mon *patio*. Je crois que j'ai besoin de me déplacer un peu afin de voir quelque chose en fait de peinture...

... Et l'attentat contre le roi, quelle comédie!!! Ici les gens de l'Internationale se remuent beaucoup, et il me semble qu'il y aura quelque chose. Ce ne sont que grèves et menaces; personne ne veut plus travailler...

A toi.

MARIANO.

A Monsieur le Baron Davillier.

Rome, 28 décembre 1872.

Mon très-cher ami,

Comme vous le savez, il y a bon nombre de jours que nous sommes de retour après un heureux voyage; mais, en arrivant ici, tout me fit une si mauvaise impression que j'en devins très-triste. Ensuite, j'ai eu à subir les ridicules prétentions du propriétaire de mon atelier, qui, non content des améliorations que j'y ai faites pour mon compte, m'a enlevé la moitié du local, tout en doublant le prix du loyer, et a converti le rez-de-chaussée en magasin de pétrole. Figurez-vous avec quelle tranquillité je pourrai dormir, sachant que ce qui m'a coûté tant de peine à réunir peut voler en l'air d'un instant à l'autre. Telles sont les gracieusetés des Italiens de la nouvelle capitale. Je me réjouis en partie de ce qui m'arrive, parce que cela me fera hâter mon retour en Espagne. Franchement, je ne sais pourquoi je suis venu ici, sachant ce qui en était; enfin, je suis déjà résigné, et je me mettrai à travailler pour oublier le pays où je me trouve...

J'ai reçu votre photographie du portrait de Velazquez : la partie dans l'ombre et les cheveux sont ce qui se distingue le moins; mais j'ai prié mon beau-père, M. de Madrazo, de m'envoyer un dessin qu'il a fait d'après l'original, et qui me servira à éclaircir les points obscurs. Dès que je l'aurai reçu je me mettrai à commencer l'eau-forte, et si ma main n'est pas trop maladroite, je pourrai faire une chose intéressante.

En fait d'antiquités, je n'ai rien vu de curieux dans mon voyage, sauf les armes de Turin et l'exposition du *Bargello*, à Florence... J'ai vu Castellani, qui est fort aimable avec moi... Il a de belles faïences italiennes à reflets métalliques, un grand bassin hispano-arabe du même caractère que le plat à ornements bleus que vous possédez, les vases grecs que vous connaissez, quelques étoffes assez belles, moins cependant que les miennes. Je suis très-content du peu que je possède, car s'il me fallait acheter cela aujourd'hui, je serais forcé de payer le double, ou plus, si toutefois j'avais la chance de le trouver... D'après le dessin que vous m'envoyez, la lampe arabe ne me paraît pas mal; je la prendrai si on la laisse à un prix qui vous paraisse raisonnable...

Vous me pardonnerez de vous écrire une lettre si longue; mais vous comprendrez qu'ayant tant de plaisir à vous parler de toutes mes affaires, il est naturel que j'abuse d'un bon ami...

A vous.

FORTUNY.

La lettre qu'on vient de lire montre que la nouvelle capitale de l'Italie n'était plus pour Fortuny sa *chère Rome* d'autrefois. La ville où son talent s'était développé, où il avait passé tant de jours si calmes et si heureux, il la retrouvait agitée par la politique, turbulente et prétentieuse : cette répulsion ne fit qu'augmenter par la suite, et bon nombre de ses lettres témoignent du désir qu'il avait d'aller se fixer en Espagne. La lettre qui suit est accompagnée d'un dessin à la plume, où l'on voit une *coupe* de son atelier; l'artiste s'y est représenté lui-même, assis devant un tableau, la palette à la main; le rez-de-chaussée est occupé par de nombreux barils, disposés comme dans un magasin, et sur lesquels on lit : *Petroleo :*

A Monsieur W. Stewart.

Rome, décembre 1872.

Mon cher Monsieur Guillermo...

Je désire que les choses aillent aussi bien de votre côté qu'elles vont mal ici pour nous...

....Je finis le tableau pour M. Gibson, et je n'ai rien commencé de nouveau, car je désire d'abord terminer ce que j'ai rapporté d'Espagne, afin de partir ensuite pour mon pays. Je suis las de Rome, qui va chaque jour perdant son caractère, et j'aime mieux habiter l'Andalousie, où la vie est si agréable.

Votre ami

FORTUNY.

Le tableau dont il est question dans la lettre précédente, et qui appartient à M. Gibson, de New-York, représente l'*Ayuntamiento viejo* (ancien Hôtel de Ville) de Grenade, vieil édifice très-pittoresque, aux balcons couverts de fleurs et envahis par une végétation luxuriante : c'est une merveille de couleur.

A Monsieur le Baron Davillier.

Rome, 18 février 1873.

Mon très-cher ami,

Je viens de recevoir votre très-agréable lettre, et j'y réponds séance tenante, avant d'en être empêché par les visites et les distractions du carnaval... Les lithographies que j'ai faites quand j'étais à Barcelone, pour le roman de Dumas fils (*Trois Hommes forts*, traduit sous le titre de *El Mendigo hipócrita*), ont été publiées par un nommé Busquets; je crois qu'il sera facile de trouver ce roman à Barcelone, — malheureusement pour moi, — car c'est très-mauvais, et je voudrais qu'il n'en existât plus un seul exemplaire.

Nous voilà donc républicains!!! Mais je crois, comme vous, que ce ne sera pas une solution : nous verrons... Dieu veuille que mon pays ne soit pas une tour de Babel où nous ne pourrions nous entendre. Que deviendraient les musées, les églises, les monuments? Je regrette beaucoup de ne pas être en Espagne en ce moment. Les Italiens ne peuvent digérer ce changement politique...

Tous mes souvenirs à l'ami Beaumont; dites-lui de ne pas oublier de m'envoyer des recettes pour la dorure du fer. Je m'occupe en ce moment à donner la patine à une fusée d'ivoire que j'ai faite pour mon épée arabe.

J'ai toujours le magasin de pétrole sous mon atelier, mais je crois avoir trouvé un moyen à l'italienne pour lasser le propriétaire. De toute manière j'espère rester peu de temps dans cet atelier, et il me semble que Rome ne me convient pas.

Quand vous aurez les photographies de vos verres espagnols, envoyez-les-moi, en ayant soin qu'elles soient de la dimension dans laquelle je les graverai, afin de simplifier mon travail. Je n'ai pas encore commencé les autres eaux-fortes que j'avais en projet, étant très-occupé à mes tableaux; mais dès que je serai libre, je m'y mettrai avec plaisir...

Ces jours derniers, j'étais presque décidé à partir pour la Sicile, afin d'aller voir les vases arabes qui sont dans la cathédrale de Mezzara, mais j'irai plus tard... La grande fabrique d'armes et de bronzes anciens que j'ai découverte ici continue sur une grande échelle; je connais aussi un orfévre qui fait de ces figures d'or étrusques, et il paraît qu'il en a vendu pour anciennes : gare aux novices! — heureusement vous êtes hors de danger.

Savez-vous que le manuscrit de Piccolpasso donne aussi la manière de faire les reflets métalliques? Monsignor Cajani m'a donné la copie de la recette, qui n'a pas été publiée ; elle diffère très-peu des essais que j'ai faits à Grenade ; c'est dans le four qu'est toute la difficulté.

Mille souvenirs de tous. Votre ami vous embrasse.

FORTUNY.

Les eaux-fortes dont parle Fortuny dans la lettre précédente étaient destinées à accompagner un ouvrage que je préparais sur l'*Art du verre en Espagne*. Il devait aussi graver une suite d'eaux-fortes, d'après les principaux objets de sa collection. Il me parlait souvent de ce projet que, malheureusement, il n'eut pas le temps de réaliser.

A Monsieur le Baron Davillier.

Rome, 28 février 1873.

Mon très-cher ami...

J'ai orné de caractères coufiques la fusée d'ivoire que j'ai faite pour mon épée arabe, et elle a assez de style. Voici la forme de l'autre épée que je pense monter (ici un dessin de l'épée, et un autre de la fusée d'ivoire) : je vous remercie du pommeau que vous m'offrez, quoique je n'en aie pas besoin en ce moment; mais il me servira quelque jour.

Voici le carnaval fini, et je vais me mettre à travailler ferme, pour regagner le temps perdu. Vous avez raison de me dire que je suis impardonnable de ne pas travailler; mais que voulez-vous? le séjour des grandes villes me déplaît beaucoup, et c'est toujours la même chose: au moment de me mettre au travail, *ci va altro...*

Je suis désolé de voir qu'en Espagne il y a très-peu de tableaux de moi: tous les vendent, tandis que les étrangers donnent pour ma peinture des prix auxquels je ne comprends rien. Enfin, nul n'est prophète dans son pays.

J'ai acheté à Capobianchi deux coffrets d'ivoire qui me paraissent persans ou arabes; et je vais vous en faire un croquis pour que vous éclaircissiez mon doute. (Suit le croquis.)

Quelles nouvelles avez-vous d'Espagne? Il me semble que les affaires se compliquent trop pour le peu de temps de république que nous avons déjà... Heureux si cela ne finit pas par l'anarchie...

Beaucoup de souvenirs à tous, et mille choses de la part de ma famille.

Votre ami

FORTUNY.

A Monsieur le Baron Davillier.

Rome, 5 mars 1873.

Mon cher ami,

Je vous fais compliment sur l'achat de votre bouclier, qui doit être magnifique, et j'espère que vous m'en enverrez une photographie. Les affaires d'Espagne me déplaisent beaucoup ; d'après ce que vous me dites dans votre dernière lettre, je crains des événements plus graves; croyez bien qu'il m'en coûte beaucoup de prolonger mon séjour en Italie quand je vois mon pays à la veille d'un bouleversement, et sur le point d'être un sujet de honte pour nous autres qui sommes à l'étranger.

Voici le croquis d'un émail byzantin assez beau, que mon ami Capobianchi a acheté, et dont il voudrait savoir la valeur : veuillez me renseigner... Rien de décidé encore au sujet de notre départ pour Venise ; je travaille, et je ne voudrais pas m'interrompre jusqu'à ce que la chaleur me chasse de Rome... J'ai eu des nouvelles par Rico... Il faudra, quand nous irons, charger quelqu'un de nous chercher des appartements.

Peu de nouvelles en fait d'antiquités... La fabrique d'armes fausses que je vous ai mené voir non loin de chez moi continue à prospérer : on y fait aussi des coffrets de fer ciselé, de nouveaux boucliers repoussés, etc...

J'ai déjà placé mon vase sur un pied de bronze que j'ai modelé moi-même en cire, et il me semble qu'il ne fait pas mal du tout : je vous en enverrai un croquis dans ma prochaine, pour que vous me disiez ce que vous en pensez.

Votre ami

FORTUNY.

A Monsieur le Baron Davillier.

Rome, 27 avril 1873.

Mon très-cher ami,

Nous sommes revenus avant-hier de Naples, où nous avons passé quelques jours avec Rico et sa femme... Merci de votre bonne lettre... J'en ai envoyé une à l'ami Beaumont avec quelques notes; comme elle est en espagnol, faites-moi le plaisir de la lui traduire...

J'ai vu dans le musée de Naples un superbe buste de bronze de Ferdinand d'Aragon, dont voici le croquis : il est très-intéressant, et on voit qu'il a été fait d'après nature par un artiste de talent. Quel dommage qu'il ne soit pas à vendre!

Les affaires d'Espagne ne paraissent pas s'arranger : quand donc pourra-t-on y voyager avec sécurité ?

Votre ami vous embrasse.

FORTUNY.

A Monsieur le Baron Davillier.

Rome, 26 mai 1873.

Mon très-cher ami,

J'ai reçu votre lettre de Madrid... Votre tapisserie est devenue très-belle après avoir été lavée, l'or et l'argent ont entièrement reparu : la couleur a gagné en force et en fraîcheur. Vous pouvez être tranquille, et comme nous disons en Espagne : *V. tendrá una buena alhaja* (Vous aurez un beau bijou).

Vous avez sans doute appris le vol de la couronne de San Fernando : quel malheur si c'est vrai ! Quand je me trouvais à Séville avec l'empereur du Brésil, on nous la descendit, et j'eus le plaisir de la tenir dans mes mains; sans aucun doute elle datait du temps de ce prince. Sa richesse et sa conservation étaient admirables. Après tout, j'espère que la nouvelle est fausse, et que ce ne sera qu'une comédie pour mettre la couronne à l'abri d'un coup de main, vu les événements que nous traversons [1].

1. La nouvelle n'était que trop vraie : la couronne a été volée; les pierreries ont seules été retrouvées.

Je travaille *beaucoup*, et nous partirons bientôt pour Venise; pensez-vous toujours y venir aussi? J'en serais ravi.

A vous.

FORTUNY.

A Monsieur W. Stewart.

Rome, juin 1873.

Mon cher Monsieur Guillermo,

J'ai reçu vos deux lettres, et je suis enchanté que le dernier petit tableau soit de votre goût... Je continue à travailler au tableau des *Académiciens* et à celui du *Jardin*... (Les *Académiciens de Saint-Luc examinant un modèle*, ou *La Modela*, appartenant à M. W. Stewart, et le *Jardin des Arcadiens*, à M. Heeren.)

Petenkofen est venu ici, et nous nous sommes quittés très-bons amis; il paraît que ma peinture lui plaît : il a voulu voir jusqu'à mes croquis les plus insignifiants, et en échange il ne m'a rien montré du tout; il est vrai que sa famille même ne voit pas sa peinture, car il a, dit-on, l'habitude d'effacer tout ce qu'il fait.

Mille remercîments pour les conseils que vous me donnez au sujet de mon argent; quant aux 40,000 francs du tableau de M. Gibson, si vous ne voulez pas les garder, vous pouvez les déposer en compte courant dans telle maison de banque qu'il vous plaira...

Disposez de votre véritable ami

FORTUNY.

A Monsieur le Baron Davillier.

Rome, 12 juillet 1873.

Mon cher ami,

Deux mots seulement pour vous dire que le choléra est à Venise; voici le *Bulletin officiel* d'aujourd'hui : je ne puis donc supposer que le fait soit faux... Malgré tout le plaisir que je me faisais de passer l'été avec vous, je crois qu'il vaut mieux suspendre notre projet pour l'instant. A Rome, nous avons une chaleur atroce, et mon atelier me semble une étuve : malgré tout, je travaille. Pensez-vous aller voir l'exposition de Vienne?

Votre ami

FORTUNY.

A Monsieur Martin Rico.

Rome, août 1873.

Cher Martin...

Nous ne sommes pas mal ici : mieux que je n'espérais, et si la chaleur est excessive, la maison est fraîche; je peins dans l'atelier, et le soir on est très-bien dans le jardin. J'ai déjà presque fini le tableau de *la Modela;* quant au *Jardin*, les figures sont assez avancées; j'ai peint des fleurs de *grandeur naturelle al vero*, et quelques études insignifiantes...

... Il ne faut pas parler de l'Espagne, et je crois que nous serons longtemps avant de pouvoir y retourner avec tranquillité. Avec tout cela, je préférerais y être, parce que, franchement, je suis honteux d'en être absent dans les circonstances présentes...

... Penses-tu aller à Vienne en septembre ? Si c'est possible, je voudrais bien voir une exposition universelle une fois dans ma vie...

Je ne sais si tu auras reçu la *Ilustracion* de Madrid; la gravure du *More fumant* a paru, et tu peux écrire de ma part à Bernardo Rico que j'en suis très-content: c'est dommage qu'il ait tant travaillé pour un dessin déjà ancien...

A toi,

FORTUNY.

A Monsieur le Baron Davillier.

Rome, août 1873.

Mon cher ami,

Il y a longtemps que vous ne m'avez donné de vos nouvelles, mais j'espère que vous êtes toujours en bonne santé... Je n'ai pas grand'chose à vous conter... Seulement je puis vous dire qu'ayant pris la résolution de passer l'hiver ici, j'ai loué une villa contiguë à mon atelier : de la sorte je ne perdrai pas de temps, et j'utiliserai mes matinées et mes soirées; car je ne suppose pas que personne vienne nous tenir compagnie et bavarder avec nous. Ainsi je commencerai pour le mois d'octobre la série d'eaux-fortes dont je vous ai parlé.

Je pense, si les circonstances le permettent, aller voir l'exposition de Vienne en passant par Venise : vous me direz en ce cas si je puis vous être utile... Mon ami Simonetti est-il venu vous voir de ma part ?

Portez-vous bien, et disposez de votre ami

FORTUNY.

A Monsieur le Baron Davillier.

Rome, 5 septembre 1873.

Mon cher ami...

Je pense vous envoyer l'eau-forte (portrait de Velazquez) à la fin du mois; je n'ai pu m'en occuper ces jours derniers, étant très-occupé à préparer mes quartiers d'hiver et à orner mon atelier; j'ai employé pour cela mes étoffes et autres objets, afin d'avoir sous les yeux le peu que je possède. Quand tout sera arrangé, je partirai pour Venise ou pour Vienne afin de me distraire quelques jours en attendant l'hiver... Qu'avez-vous de nouveau? Mille choses à notre ami Beaumont; dites-lui que j'ai reçu sa lettre et que je lui répondrai.

Votre ami vous embrasse.

FORTUNY.

A Monsieur le Baron Davillier, à Florence.

Rome, 5 octobre 1873.

Mon très-cher ami,

J'aurai grand plaisir à vous voir à Rome. Je suis de retour depuis deux jours; j'ai été à Venise avec Rico, qui doit déjà être à Paris. J'espère que vous arriverez le plus tôt possible, pour que nous passions plus longtemps ensemble...

Votre ami,

FORTUNY.

J'arrivai en effet à Rome au commencement d'octobre, et je trouvai Fortuny occupé aux préparatifs de sa nouvelle installation dans la *villa Martinori*, pour laquelle il allait quitter sa petite maison de la *via Gregoriana*, au-dessus de la Place d'Espagne, et dont la situation était beaucoup plus salubre. Un escalier, qu'il avait fait établir, mettait son atelier en communication avec la nouvelle villa qu'il ne devait, hélas! habiter qu'un an.

Rome, 14 novembre 1873.

Mon très-cher ami...

Mille remercîments pour votre calque de la belle épée (du XIVe siècle); jamais je ne me plaindrai que vous m'en envoyez trop, car je conserve comme des reliques ces documents qui, comme vous le savez, me seront utiles plus tard... J'ai acquis des candélabres de bois doré; ne les croyez-vous pas de 1600? C'est dommage qu'ils ne soient pas de bronze... J'ai acheté aussi, comme vous me l'aviez conseillé, l'épée de Corvisieri, qui se trouve par hasard pareille à une dague que j'avais...

Nous sommes déjà installés, et parfaitement bien. J'ai prairie, jardin et bois, et une porte de mon atelier communique avec la villa. Je travaille fort : en six jours je me suis peint un tableau !! Je travaille donc beaucoup, et je trouve le temps pour tout : ce que c'est que d'être bien installé ! Ainsi, quand vous nous ferez le plaisir de venir, nous aurons celui de vous offrir l'hospitalité, sinon comme vous le méritez, au moins avec un peu plus de confortable que dans notre petite maison de la via Gregoriana...

Goyena m'a envoyé un joli cadeau : c'est un petit brasero incrusté d'argent... Mille choses à l'ami Beaumont; dites-lui que j'ai enfin reçu le casque, et que je le remercie mille fois pour la peine qu'il a prise de le nettoyer.

Votre ami véritable,

FORTUNY.

A Monsieur le Baron Davillier.

Rome, 7 décembre 1873.

Mon très-cher ami,

Merci de votre lettre et des journaux... J'ai enfin terminé le portrait de Velazquez; en voici une mauvaise épreuve, que j'ai tirée moi-même, et qui pourra peut-être vous servir pour juger du tirage et du ton dont la planche a besoin. Vous m'excuserez si mon eau-forte n'est pas mieux réussie, mais vous savez que la bonne volonté ne m'a pas manqué ; et quand il s'agit de reproduire un tableau ancien, que des restaurations ont endommagé, il est facile que le caractère de l'original puisse en souffrir. Après tout, je crois que ce ne sera pas le plus mauvais des portraits de Velazquez. Vous me direz franchement si vous en êtes satisfait, et vous m'en donnerez la preuve en me demandant quelque autre travail du même genre. Le cuivre partira le 8, par l'estafette française, sous la recommandation d'un ami de notre légation.

Il me tarde bien de recevoir votre *Voyage d'Espagne*, et de le lire d'un bout à l'autre... (Ici, la description de bon nombre d'objets d'art que Fortuny avait en vue.) ... Je me contenterais de tout ce que je viens de vous décrire, si je pouvais avoir cela dans les meubles de mon atelier;

mais cela ne m'est pas possible : je voue toute ma passion à la peinture, mon ancienne amie, qui me pardonne déjà les infidélités que je lui ai faites, et me promet de me récompenser si je lui reste fidèle.

A vous.

FORTUNY.

A Monsieur le Baron Davillier.

Rome, 30 décembre 1873.

Mon cher ami,

Je vois avec plaisir que vous avez reçu le cuivre du *Velazquez*... Je suis très-peiné de ce qui se passe en Espagne : c'est une situation bien triste que celle où nous nous trouvons, et je ne sais comment cela finira. Ce qui m'afflige le plus, c'est qu'à Madrid on s'amuse comme si rien n'était... Mon beau-père m'a acheté le casque à la vente de Rosalès; je le connaissais, et il est assez beau : je crois qu'il se sera vendu au delà de sa valeur, mais je ne le regrette pas, parce que ce serait dans l'intérêt de la veuve.

A vous.

FORTUNY.

Le portrait de Velazquez, dont il est question dans les lettres précédentes, est une des plus belles eaux-fortes de Fortuny. Je lui avais dit que je me proposais de faire réimprimer et de traduire l'exemplaire unique, récemment retrouvé en Espagne, d'un *Mémoire* adressé à Philippe IV par le grand peintre de Séville [1]. Il m'offrit, pour mettre en tête du livre, un portrait au bas duquel il ajouta la dédicace. Il fit en même temps plusieurs autres portraits de Velazquez, restés inédits jusqu'à présent, et qui forment une partie très-intéressante de son œuvre gravé.

1. *Mémoire de Velazquez* sur quarante et un tableaux envoyés par Philippe IV à l'Escurial, avec introduction, traduction et notes, par le Baron Davillier, et un portrait de Velazquez gravé à l'eau-forte par Fortuny. Paris, Aubry, 1874, in-8°.

VI

1874

JANVIER — JUIN

Suite du séjour de Fortuny à Rome. — Merveilleuse décoration de son atelier. — Ses impressions sur le carnaval romain. — Il prend part à l'organisation d'une exposition rétrospective. — Départ pour Paris. — Il y apporte les *Académiciens de Saint-Luc* et la *Répétition d'une pièce dans un jardin.* — Court séjour à Paris. — Pourquoi Fortuny n'exposait pas. — Notre voyage à Londres. — Visite au peintre Millais. — Projets de Fortuny pour l'avenir. — Retour à Paris et départ pour Rome.

Les lettres de Fortuny vont nous le montrer continuant à travailler à ses tableaux, et consacrant toujours ses moments perdus à sa passion pour les objets d'art; on verra même qu'il fut nommé membre du Comité de patronage d'une exposition artistique et industrielle, organisée dans l'ancien couvent de *San-Lorenzo in Lucina.* Il essayait d'oublier ainsi le dégoût qu'il continuait à éprouver pour la nouvelle capitale; non pas qu'il n'y eût de bons et anciens amis, mais différentes raisons, qu'il nous a expliquées lui-même, ne faisaient qu augmenter chaque jour sa répugnance pour Rome, et son désir d'aller se fixer en Espagne. Cependant, son vaste atelier, où il avait disposé avec un goût exquis ses splendides étoffes, ses faïences aux reflets d'or, ses armes anciennes et mille autres objets curieux, était une véritable merveille de décoration, et avait pris rang parmi les curiosités de Rome; trop souvent même il lui attirait des visites importunes. Son installation dans la villa contiguë était presque princière. Il était choyé et adulé de tous : malgré cela, il était, comme il disait, « ennuyé sans savoir pourquoi ». Était-ce un pressentiment?

A Monsieur Martin Rico.

Rome, 1er janvier 1874.

Cher Martin,

..... Nous travaillons en ce moment, je ne dirai pas beaucoup, mais plus qu'avant, et surtout nous sommes dans de bonnes dispositions. Le tableau du *Jardin* est presque fini; il ne me manque plus que la partie du fond restée en blanc, et que je pense alléger de tant de lierre. Je suppose que cela ne te plaira pas, et ce que je regrette le plus, c'est que tu auras raison. Enfin, après tout, c'est un tableau commencé en plein air et fini dans l'atelier, et nous savons ce qu'il en résulte...

Il fait un froid atroce, et les fontaines du jardin sont

couvertes de glaçons. Ferrandiz est ici, et a loué une petite maison à côté de mon atelier afin de pouvoir peindre en plein air; il s'est bâti une espèce de guérite ou confessionnal, et tu rirais bien en le voyant travailler ainsi...

A toi.

FORTUNY.

A Monsieur le Baron Davillier.

Rome, 22 janvier 1874.

Mon très-cher ami,

Vous croirez peut-être que c'est la paresse qui m'a empêché de vous écrire : rien de cela. Pendant la journée je travaille beaucoup, et le soir, à l'heure où je voudrais vous écrire, nous ne sommes presque jamais seuls, contrairement à ce que je désirerais ; les amis et les connaissances ne trouvent pas ma nouvelle maison trop loin. Aujourd'hui je profite de ce que nous sommes seuls pour écrire à mes bons amis de Paris...

Ici, presque rien de particulier. Je continue à travailler, et avec beaucoup d'ardeur; aussi je ne pense guère aux antiquités, *ma mi riservo* pour le moment où j'aurai fini tous mes tableaux. J'ai acheté en tout trois pommeaux d'épée dans le genre de celui que vous m'avez rapporté de Milan, plus quelques médailles...

Je voudrais déjà voir votre livre sur Velazquez; vous voudrez bien m'en réserver quelques exemplaires, ainsi que trois pour mes parents : D. Federico de Madrazo, D. Luis et D. Pedro de Madrazo. Merci pour le papier ancien que vous m'avez mis de côté; j'en ai trouvé aussi, et j'en possède quelques feuilles des quinzième et seizième siècles....

Je viens de lire Martial, et il me plaît beaucoup, obscénité à part. Que de choses curieuses sur les mœurs et la vie intime des Romains! J'y ai trouvé des sujets de tableaux magnifiques, et je trouve étonnant que les peintres ne se soient pas servis davantage de ces auteurs pour donner à leurs ouvrages le véritable caractère de l'antiquité...

Comment trouvez-vous la forme de cette épée? Je l'ai composée avec des morceaux divers, mais tous anciens. (Suit le dessin de l'épée.)

Souvenirs de tous.

FORTUNY.

A Monsieur le Baron Davillier.

Rome, 16 février 1874.

Mon très-cher ami,

Je reçois votre lettre avec les épreuves du portrait de Velazquez... Vous verrez mes observations... S'il était question de toute autre chose, cela importerait peu; mais il s'agit de Velazquez... En comparant les épreuves, vous verrez que la différence du modelé tient à une bonne ou mauvaise impression. La signature de Velazquez me paraît bien venue, mais faites-la tirer en bistre, pour imiter la couleur passée de l'encre de l'original.

Dites-moi si le dessin de fauteuil à X en tête de ma lettre vous suffit. J'ai reproduit tous les détails du manuscrit des *Rime* de Pétrarque, et c'est aussi exact que possible.

Rien de nouveau ici: le carnaval continue à divertir la foule; cette année on a supprimé *la corsa de' barberi:* c'est ainsi que peu à peu tous les anciens spectacles disparaîtront.

On va bientôt ouvrir le nouveau musée retrospectif. Ces jours derniers j'y ai été placer quelques broderies que j'ai prêtées; mais il y a encore peu de choses intéressantes, et je crains bien que les princes romains ne prêtent rien. D'abord, l'emplacement est mauvais. De toute façon il est toujours bon de commencer, et quand cela en vaudra la peine, j'aurai le plaisir de vous en rendre compte.

Simonetti a acheté une dalmatique très-bien conservée; elle est du quatorzième siècle, avec des ornements et des oiseaux entourés de motifs de style oriental, bleu et or. Il paraît que l'antiquaire, la croyant du dix-septième siècle, la lui a donnée pour peu de chose, et a vendu ensuite les orfrois à Castellani, de sorte que voilà un bel objet partagé entre deux personnes.

Mes souvenirs aux amis, et tout à vous.

FORTUNY.

A Monsieur W. Stewart.

Rome, 20 février 1874.

Mon cher Monsieur Guillermo...

J'ai un grand désir de vous voir tous, et, si je n'avais beaucoup à travailler, je ferais un voyage de quelques jours pour accompagner mon tableau; mais, en y pensant bien, je crois qu'il vaudrait mieux qu'il partît seul, et qu'il se perdît en route: telles sont les illusions et les espérances de succès avec lesquelles je l'envoie.

Pour Dieu, ne manquez pas de m'envoyer quelques photographies de ce qui se fait de bon, car à Rome nous sommes dans les ténèbres. On n'y voit, on n'y sait rien. J'aurais aussi grand plaisir à voir quelque chose de Boldini, car, d'après le peu que j'ai vu de lui, il s'y entend.

J'ai trouvé aujourd'hui la carte de M..., qui est, dit-il,

de vos amis. S'il revient, je le recevrai. Comme je travaille, je ne reçois que les personnes recommandées par mes amis... Je pense que Raymundo vous a remis les photographies de mon atelier...

Votre ami,

FORTUNY.

A Monsieur Martin Rico.

Rome, 20 février 1874.

Mon cher Martin...

Rien de nouveau dans notre vie. Je suis assez ennuyé, sans savoir pourquoi. Tout ce monde s'amuse pendant le carnaval, et dépouille les étrangers : beaucoup de mascarades et de chars de triomphe, avec les mêmes personnages et le même papier doré que l'an dernier. La grande fête du Cercle international, sans aucun art... La meilleure de toutes était celle de Lenoir, qui eut du succès et fut fort applaudie, chose qui m'étonne, car ces gens-là ne comprennent et n'aiment que ce qui vient d'eux, et trouvent mauvais tout ce qui est français. Je remarque ici un je ne sais quoi qui ressemble à ce qui se passait à Paris avant la guerre avec la Prusse, et je crains beaucoup que cela ne finisse de la même manière. Il y a eu des discours en public annonçant la guerre avec la France, et la police laisse faire...

A toi.

MARIANO.

Les deux lettres qui précèdent trahissent le vague découragement qu'éprouvait Fortuny. On vient de le voir, le carnaval romain, avec ses mascarades d'un goût douteux, était loin d'avoir des attraits pour lui; il trouva cependant le moyen d'utiliser ces fêtes populaires, et de faire un charmant petit panneau à un balcon du *Corso,* malgré le bruit, la cohue et une grêle de *confetti* enfarinés.

Peu après, il contribua à l'organisation de l'exposition rétrospective dont j'ai parlé, et dont il m'envoya une description sommaire.

A Monsieur le Baron Davillier.

Rome, 28 mars 1874.

Mon très-cher ami,

J'ai reçu les quatre exemplaires de votre *Velazquez*, et je vous en remercie beaucoup, ainsi que d'avoir fait mention de moi dans votre curieuse introduction. Vous comprendrez que si je ne vous ai pas écrit plus souvent, c'est parce que je travaille beaucoup; et puis, en vérité, vivant retiré comme vous le savez, j'ai peu de nouvelles à vous apprendre. Je voulais vous écrire à Madrid, mais je vous ai adressé ma lettre à Barcelone, en vous priant de faire une visite de ma part à M. Lorenzale.

Ici on a inauguré le musée artistique industriel dans le couvent de *San-Lorenzo in Lucina :* il se compose de cinq petites salles situées au troisième étage. En ma qualité de membre *del Comitato di patronato,* je vais vous faire une courte description de ce qu'il contient.

Salle I. — Meubles anciens et objets de bois sculpté;

quelques coffres ornés de pâtes dorées du quatorzième siècle ; les reproductions des objets du trésor de Monza ; quelques livres de chœur peu intéressants, et une margelle de puits de style byzantin.

Salle II. — Verres de Murano ; la coupe arabe que nous connaissons (ici un léger croquis de cette coupe); quelques plats d'émail de Limoges avec nombre de figures très-fines ; des faïences italiennes et hispano-arabes ; le bassin de Castellani, qualifié de *siculo-arabe* ; des vases grecs.

Salle III. — Collections de bijoux indiens modernes, de pendants d'oreilles italiens ; quelques bronzes insignifiants, etc.

Salle IV. — Étoffes anciennes. Ce qu'il y a de meilleur est la mitre de Simonetti, une dalmatique dont voici le dessin, et quelques chasubles à moi.

Salle V. — Les verres de Salviati, et — *laus Deo* — c'est tout. Vous voyez que c'est bien mesquin pour Rome. Peut-être, avec le temps, fera-t-on une autre exposition plus intéressante.

Je finis mes tableaux pour Goupil, afin de pouvoir passer l'été moins occupé. Il me tarde beaucoup de vous rendre visite, et j'y ferai tout mon possible, car de toute manière cela me convient.

A vous.

FORTUNY.

A Monsieur le Baron Davillier.

Rome, 4 avril 1874.

Mon très-cher ami,

J'ai reçu vos lettres, y compris celle de Madrid, et hier

les nouveaux exemplaires de votre *Velazquez*, dont je vous remercie beaucoup; ils me suffisent, car si je connais ici beaucoup de personnes, les vrais amis sont très-peu nombreux; aussi j'évite de donner la moindre chose, parce qu'il en est qui s'empressent d'aller vendre cela.

Je vous dirai, pour changer, que je continue à travailler; mais, en vérité, je commence déjà à être un peu fatigué (moralement) du genre d'art et des tableaux que le *succès* m'a imposés, et qui (entre nous) ne sont pas l'expression véritable de mon genre de talent. Avec la grâce de Dieu, et dans l'espoir que le résultat de mes derniers tableaux sera favorable, je pense me reposer un peu... Je fais tout mon possible pour aller passer quelques jours à Paris; et je voudrais aussi aller à Londres pour voir les musées et recueillir des documents pour mes tableaux.

Dumas fils est venu me voir dans mon atelier; il m'a beaucoup encouragé, et me conseille, comme vous, de m'émanciper complétement de toute influence de marchands ou d'amateurs. Sa visite m'a fait grand plaisir, car je fais cas de son talent...

Je me réjouis de vous voir travailler à votre ouvrage sur l'*Art du verre* en Espagne. Sans aucun doute il sera curieux, et j'espère, quand je serai moins occupé, vous faire quelques eaux-fortes.

Mille choses à Beaumont.

A vous.

FORTUNY.

Peu de temps après cette lettre, Fortuny se mettait en route, et arrivait à Paris le 15 mai. Il portait avec lui deux tableaux importants, auxquels il travaillait depuis longtemps : les *Académiciens de*

Saint-Luc choisissant un modèle (*la Modela*) et la *Répétition d'une pièce dans un jardin* (*el Jardin de los Arcades*), deux compositions pleines de charme et d'originalité. On voit dans la première un groupe d'académiciens en costume du siècle dernier, examinant le modèle qui leur est proposé : une jeune femme nue, aux formes élancées, pose debout sur une table de marbre. L'artiste a placé la scène dans une des salles du palais Colonna. Parmi les académiciens, qui sont peints avec une finesse merveilleuse, il est facile de reconnaître le portrait de Lhéritier, du Palais-Royal. Un soir que Fortuny assistait à une représentation de la *Cagnotte*, la physionomie de l'excellent acteur le frappa; il en fit sur son album de poche une esquisse légère, qu'il utilisa plus tard en donnant à son personnage une ressemblance frappante. Il s'inspira aussi de son ami d'Épinay, le sculpteur, mais sans rappeler ses traits aussi exactement.

Quand Henri Regnault visita pour la première fois l'atelier de Fortuny, il admira beaucoup ce tableau, qui n'était encore qu'à l'état d'ébauche. M. d'Épinay, qui l'accompagnait, m'a raconté qu'à côté du modèle on voyait la mère qui, comme une vieille fée, assise près de la table, tricotait en regardant par-dessus ses lunettes l'effet produit par sa fille sur les vieux professeurs. Cette figure, m'assurait-il, était un vrai chef-d'œuvre. Malheureusement, Fortuny n'en était pas satisfait, et il l'effaça. L'esprit de la composition, le charme de la couleur, la finesse des détails qui n'enlève rien à l'effet général, tout concourt à faire de ce ravissant tableau une merveille qu'on ne peut se lasser d'admirer.

Les personnages représentés dans le second tableau sont des membres d'une autre Académie, celle des *Arcadiens,* fondée à Rome, en 1695, par le célèbre jurisconsulte et littérateur Gravina. Les *Arcadi*, — comme on les appelle encore, car la société n'a pas cessé d'exister, — se donnaient des noms de bergers et de bergères d'Arcadie, et se réunissaient habituellement dans les jardins Farnèse. Le peintre a placé la scène dans un jardin encombré d'une végétation luxuriante (c'est de celui des *Adarves,* à l'Alhambra, qu'il s'est inspiré). Au centre du tableau, deux Arcadiens, — *Arcades ambo,* — les pieds sur un tapis d'Orient, répètent une pièce dans laquelle ils doivent jouer : le *berger* lit son rôle avec emphase, le manuscrit d'une main, et de l'autre soutient la *bergère* qui s'évanouit avec un mouvement plein de grâce et d'abandon. Ces deux personnages, comme ceux qui assistent à la répétition, portent le costume de la fin du siècle dernier. Tout, dans ce tableau, est peint en pleine lumière, et avec une finesse exquise, personnages et accessoires : il n'est pas de feuille ni de pétale dont les détails ne soient rendus avec une réalité minutieuse, mais qui ne nuit pas à l'ensemble, et on est effrayé en songeant au temps qu'un pareil travail a dû coûter à l'artiste.

Le tableau des *Arcadiens*, à peine arrivé à Paris, fut acheté, par M. Heeren, 90,000 francs, prix qui n'a rien de surprenant, puisque le *Mariage espagnol* avait été payé 70,000 francs par Mme de Cassin.

Quant au tableau des *Académiciens,* il était depuis longtemps promis à M. W. Stewart, et il ne tarda pas à occuper dans sa galerie la place d'honneur qui lui était réservée. Il ne put donc, ainsi que les *Arcadiens,* être admiré que par un nombre très-restreint d'amateurs.

On sait que Fortuny n'exposait pas. Comme plus d'une fois on lui en a fait un reproche, je dois dire que le véritable motif qui l'éloignait des expositions était sa modestie naturelle, doublée d'une horreur instinctive pour le bruit. Laissons, du reste, la parole à Th. Gautier, qui a exposé d'une manière excellente les causes de l'abstention de l'artiste : « Exposés au Salon, comme nous en avions l'espoir, ses tableaux et ses aquarelles lui eussent créé en quelques jours une réputation populaire; mais le jeune peintre, bien à tort selon nous, n'a pas voulu se hasarder dans ce grand tumulte de peintures, non par orgueil et, comme on dit, pour faire petite chapelle, mais par vraie modestie et susceptibilité nerveuse d'artiste, que troublerait dans ses travaux l'idée d'être livré, pendant toute la durée de l'exposition, aux jugements contradictoires de la foule. Fortuny a eu ce bonheur, assez rare aujourd'hui, de se développer librement, dans une pénombre mystérieuse, en dehors des centres où s'exerce la critique. Aucun conseil, même judicieux, n'est venu modifier son inspiration première. Il a peint ce qui lui plaisait, se laissant aller à son tempérament, et n'ayant pas derrière lui cet œil armé d'une loupe ou d'un binocle, qui regarde curieusement l'œuvre en voie d'élaboration, et la censure avant même qu'elle ne soit achevée. La pensée de faire de l'effet à l'exposition, tourment de nos jeunes peintres, ne l'a jamais préoccupé, et il ne s'est pas inquiété de savoir quel était le chic du jour ou le genre de sujet à la mode... »

Le dernier séjour de Fortuny à Paris fut interrompu par un court voyage que je fis avec lui à Londres, et que je dois d'autant moins oublier ici qu'il n'a été mentionné dans aucune des innombrables notices nécrologiques qui lui ont été consacrées. On a vu, dans la lettre précédente, qu'il me parlait de son désir de visiter la capitale de l'Angleterre. Vers la fin de mai, il me proposa d'aller y passer huit jours avec lui : j'acceptai avec empressement, et nous partîmes un dimanche matin, le 1er juin 1874. Après une traversée magnifique, nous arrivions à Londres, dont le premier aspect parut triste à Fortuny, et lui rappela quelque peu Gibraltar, — moins le soleil. C'était au plus fort de la *season*, et nous dûmes nous contenter d'une petite chambre à deux lits dans l'hôtel espagnol de M. Cortázar, situé près d'Oxford street. Nous avions, du reste, réduit notre bagage au plus strict nécessaire, bien résolus à éviter toute visite de cérémonie et à refuser toute invitation : tout notre temps devait être consacré aux monuments, aux musées et aux études de mœurs.

Le lendemain même de notre arrivée, un heureux hasard nous fit rencontrer un de mes amis, le Rev. Fred. K. Harford, de Westminster, qui s'empressa de nous faire visiter, avec une obligeance extrême, le merveilleux monument gothique dans tous ses détails. Il nous présenta plus tard à Millais, qui accueillit son jeune confrère avec la plus vive sympathie, et avec cette franchise qui est un des beaux côtés du caractère anglais. Le célèbre peintre exigea même de nous la promesse d'une autre visite pour l'année suivante. Le projet d'un second voyage souriait beaucoup à Fortuny; il voulait déjà apprendre un peu d'anglais, et dès notre retour nous allâmes acheter chez Truchy un guide de la conversation et un dictionnaire. Il aurait voulu voir aussi deux peintres qu'il avait connus à Rome, Alma-Tadema et Leighton, mais nous ne les trouvâmes pas chez eux.

Pendant notre séjour à Londres, Fortuny eut presque constamment, suivant son habitude, le crayon à la main. Nous partions dès le matin pour aller passer plusieurs heures au *British Museum*, à *South-Kensington*, ou bien encore à la *Tour*, au Musée indien (*India Museum*). Dans ces divers endroits, Fortuny trouvait de nombreux sujets qui l'intéressaient beaucoup, surtout des armes et des armures; aussi son album se remplissait-il rapidement. Quand un séjour trop prolongé dans les musées commençait à fatiguer notre tête et nos yeux, nous allions nous reposer sous les grands arbres de Hyde-Park, ou voir jouer les *babies* sur les bords de la *Serpentine*. Venaient ensuite les visites chez Christy, et les excursions, — infructueuses, il est vrai, — chez les marchands de bric-à-brac d'Oxford street ou de Wardour street. Le *Zoological Garden* intéressa tellement Fortuny que nous y passâmes une journée entière : il y trouva de nombreux sujets d'étude, et y fit notamment un délicieux croquis d'après nature : une grappe de *babies* frais et roses, perchés sur un éléphant monstrueux; il se proposait d'en faire plus tard un tableau.

Après avoir passé une partie de la soirée dans quelque théâtre, nous rentrions dans notre petite chambre à deux lits, épuisés de fatigue, ce qui ne nous empêchait pas de prolonger nos causeries fort avant dans la nuit. Pendant ce voyage d'une huitaine de jours, nous ne nous quittâmes pas un instant, et Fortuny me fit part, comme il l'avait déjà fait bien des fois, de ses rêves et de ses projets d'avenir. Son idée fixe était, comme le montrent ses lettres, d'arriver à se mettre à l'abri des besoins de la vie, et de se créer une indépendance qui lui permît de faire de la peinture comme il le voudrait et l'entendrait, — *como me de la santísima gana,* — me disait-il; il voulait suivre uniquement son inspiration, sans se préoccuper du genre à la mode, ni du goût des amateurs et des marchands. Il avait une véritable passion pour le quinzième siècle, dont il comprenait très-vivement toutes les beautés. Il se proposait d'aborder plus tard des sujets de cette belle époque, qu'il connaissait à fond, et dont les costumes et les moindres détails lui étaient familiers : il me parlait surtout d'un *Souper Borgia* et d'autres scènes empruntées au temps de la Renaissance italienne.

Quand nous retournâmes à Paris, Fortuny était enchanté de son voyage à Londres, que nous devions recommencer l'année suivante. « J'ai tant de souvenirs dans la tête, me disait-il, qu'il me faudra des mois pour ruminer tout cela. » Quelques jours plus tard, le 15 juin, il repartit pour Rome : j'allai l'accompagner jusqu'à la gare de Lyon, en compagnie de son beau-frère Raymundo, et nous l'embrassâmes au moment où le train allait partir, bien loin de penser que nous ne reverrions plus un ami que nous aimions tant.

VII

1874

JUIN — NOVEMBRE

Retour à Rome. — Départ pour Naples. — Séjour à Portici. — Les élèves de l'Académie de Naples viennent par mer donner une sérénade à Fortuny. — Son ardeur au travail. — La *Plage de Portici;* les *Deux enfants dans un salon japonais.* — Nombreuses études : le *Boucher.* — Derniers dessins. — Excursion à Amalfi et à Ravello. — Fortuny m'écrit de Rome sa dernière lettre. — 21 novembre 1874.

De retour de son voyage à Paris et à Londres, Fortuny ne séjourna pas longtemps à Rome. Après une absence de moins de deux mois, il éprouva en revoyant cette ville une impression des plus fâcheuses, et sa préoccupation constante fut de la quitter le plus tôt possible : il lui tardait de se soustraire à cette atroce chaleur de Rome, qui avait déjà à l'entrée de l'été desséché son jardin, négligé, du reste, par les gens de la maison, et qu'il comparait à ces petits paysages qu'on fait en liége. Il se décida donc, peu de jours après son arrivée, à partir pour Naples avec sa femme et ses enfants.

A Monsieur Martin Rico.

Rome, juin 1874.

Cher Martin,

Nous voici de retour à Rome, plus ennuyés que jamais; je t'avoue que cette fois-ci la ville me déplaît autant qu'à toi-même; ajoute à cela que, depuis que je suis arrivé, je n'ai pu dormir, soit à cause de la chaleur, soit parce que je souffre d'un rhume et d'une irritation des bronches...

Tu auras su par Goyena une partie des cancans qu'on a faits à Paris, au sujet de la vente de mes tableaux : ils se sont bien vendus, de manière que je suis satisfait, oubliant les mauvais instants que j'ai passés au commencement...

Nous pensons partir bientôt pour Naples... et ensuite aller à Venise, si tu y es encore... Je ne compte rien commencer pour l'instant; du reste, je ne pourrais pas travailler dans mon atelier, qui ressemble à un four; ensuite, le jardinier a tellement négligé la villa, que, faute d'arrosage, il n'y a pas de verdure : c'est comme un désert brûlé par le soleil. Décidément, ces gens-là sont des paresseux, et je comprends les anciens Romains avec leurs esclaves, et le fouet à volonté.

A toi.

MARIANO.

A Monsieur W. Stewart.

Rome, juin 1874.

Mon cher Monsieur Guillermo,

J'ai beaucoup regretté de ne pas vous voir le dernier jour que j'ai été chez vous : quand vous veniez de faire vos adieux à ma femme, elle me dit que vous n'étiez pas chez vous; je croyais pouvoir y retourner le soir, mais cela ne me fut pas possible : peu s'en est fallu qu'il ne m'en arrivât autant avec Goyena et Davillier, que je ne trouvai pas non plus chez eux, mais que je vis plus tard.

Je vous répète combien j'ai regretté de ne pas vous avoir trouvé, parce que je désirais vous parler longuement, et abuser de votre amabilité et de votre franchise, en vous demandant des conseils pour l'avenir. Maintenant que je suis de retour à Rome, et que je pense tranquillement à mon voyage à Paris, je vois combien j'ai à vous remercier, mon cher Monsieur Guillermo, ainsi que les amis Goyena et Errazu...

J'ai appris, au dernier moment, que les deux tableaux que Mac Lean m'avait achetés étaient pour M. Murrieta, de Londres, que vous connaissez, sans doute; on m'a demandé si je pouvais lui destiner quelque autre tableau, parce qu'il se fait bâtir une autre galerie, dans laquelle il me réserve une bonne place...

Vous devez jouir d'une fraîcheur délicieuse, à Paris ou à Trouville, mais ici nous brûlons : vous ne pouvez vous figurer ce qu'est la chaleur de Rome : notre jardin, grâce à l'incurie des gens de la maison et du jardinier, ressemble à ces paysages de liége, et le gazon est comme de l'amadou. Nous ne pouvons dormir la nuit, et j'en profite pour vous écrire. Dans quelques jours, nous partons pour Naples, où nous ferons prendre les bains de mer aux enfants; ensuite, nous irons à Venise retrouver Rico et Raymundo...

Votre ami

FORTUNY.

Après avoir passé quelques jours à Naples, Fortuny se décida à louer, à Portici, une maison de campagne située au bord de la mer, et connue sous le nom de *villa Arata*. Il y avait trouvé une installation fort commode, comme on le verra par la lettre suivante, où il nous racontera aussi une sérénade des plus pittoresques que lui avaient donnée les élèves de l'Académie de Naples :

A Monsieur Martin Rico.

Portici, 4 août 1874.

Mon cher Martin,

Nous sommes ici depuis quinze jours, parfaitement installés, et prenant des bains de mer : je suis très-content de m'être décidé à venir; ce séjour est très-commode pour l'été : on ne souffre nullement de la chaleur, grâce à la délicieuse fraîcheur de la brise de mer; ensuite, nous allons de chez nous à la mer sans que personne nous gêne. La vie est ici confortable et très-bon marché, et les habitants sont de braves gens, ce qui n'est pas commun en ce pays. Il résulte de tout cela que je travaille peu : j'ai vu quelques motifs que toi seul saurais bien peindre, aussi je les laisse vierges pour quand tu viendras. J'ai commencé un sujet vu de la maison; je ne veux rien entreprendre ensuite, afin d'être entièrement libre cet hiver, et de pouvoir me consacrer à mes tableaux de Rome...

Dans la soirée d'avant-hier, les élèves de l'Académie sont venus, par mer, me donner une sérénade à la mode du pays : ils étaient une quarantaine, avec des instruments de roseau, des tambours de basque et des *zambombas,* comme en Espagne; c'était très-particulier de ton et très-fantastique. Ensuite, ils ont chanté dans le genre sérieux, mais ce n'était plus cela...

J'ai un très-bon tableau de Morelli : *la Résurrection de la fille de Jaïre,* tableau d'ami, mais non de marchand : c'est très-beau...

A toi.

MARIANO.

A Monsieur Martin Rico.

Villa Arata, 485, Corso Garibaldi, Portici.

Cher Martin...

J'ai commencé une marine!!! Je ne sais ce que cela deviendra ; en outre, des études de mes bébés, pour donner au beau-père, si elles réussissent bien... J'ai découvert une très-belle demi-figure de Morelli, et je verrai si je peux la ravoir : elle a été vendue 1000 francs...

A toi.

MARIANO.

M. Domenico Morelli, directeur de l'Académie de Naples, était un des meilleurs amis de Fortuny, qui le connaissait depuis plus de dix ans. Fortuny me parlait souvent de ce peintre distingué, dont il estimait beaucoup la personne et le talent. La lettre suivante, adressée à un de ses compatriotes, fait allusion à quelques personnes qui se faisaient donner de ses ouvrages, et qui s'empressaient de les aller vendre. Bien des fois Fortuny m'a dit combien il était sensible à cette indélicatesse.

A Monsieur Antonio Sisteré.

Portici, 5 août 1874.

Mon cher ami Sisteré,

J'ai reçu ta lettre hier soir : je te remercie beaucoup de l'attention que tu as de me prévenir de la vente des études dont tu parles, et que je me rappelle bien ; je regrette seulement que ce soient des ouvrages sans importance. J'ai donné des souvenirs à beaucoup d'amis — et d'ennemis, — qui les ont vendus ; mais toi, tu t'es toujours conduit avec délicatesse ; aussi, je te le répète, je t'en suis très-reconnaissant.

Comme je vois que tu t'intéresses à mes progrès... je te dirai que j'en ai fait, et que jamais, comme aujourd'hui, je n'ai désiré produire quelque chose de bon. Il y avait du bon dans mes derniers tableaux ; mais, comme ils étaient destinés à la vente, ils n'avaient pas tout le cachet de mon individualité (petite ou grande), forcé que j'étais de transiger avec le goût du jour. Mais, maintenant, me voici déjà en selle, et je peux peindre pour moi, à mon goût, tout ce qui me plaira : c'est ce qui me donne l'espoir de progresser, et de me montrer avec ma propre physionomie...

... Nous passons l'été au pied du Vésuve, travaillant autant qu'il est possible : de temps en temps, les nouvelles d'Espagne viennent troubler notre tranquillité ; Dieu veuille qu'un état si atroce prenne fin bientôt...

Ton ami t'embrasse.

FORTUNY.

Je t'enverrai les photographies de mes tableaux dès qu'elles seront faites.

A Monsieur le Baron Davillier.

Portici, août 1874.

Mon cher ami,

J'ai su par Rico que vous êtes à la campagne, et je vous écris pour que vous ne pensiez pas que je vous oublie. Voilà déjà un mois que nous sommes ici, près d'Herculanum, sur le versant du Vésuve, jouissant de ce beau pays, et prenant les bains de mer, — ce qui nous a surtout attirés. — Comme le séjour est très-agréable et très-commode, nous resterons ici jusqu'au milieu d'octobre; j'irai ensuite à Venise pour retrouver Rico et faire quelques études. J'ai peu de nouvelles à vous dire, car nous vivons isolés, et nous ne recevons même pas de journaux; du reste, les nouvelles de notre pays sont chaque jour plus douloureuses. Je ne m'occupe que de mon travail, et je crois que je tirerai bon parti de ma *Villégiature* : j'ai déjà deux tableaux, dont l'un me donne bon espoir...

En fait d'objets d'art, je n'achète rien en ce moment... Connaissez-vous *San Domenico Maggiore?* C'est une église très-intéressante, à cause de ses tombeaux du XIIe siècle, et des sarcophages où sont conservés les restes de divers personnages; quelques-uns sont du XVe siècle, avec des écussons brodés du même goût que ceux des rois catholiques. Dans un de ces tombeaux, est suspendue l'épée ci-dessous... Dans un autre, se trouve le corps, parfaitement conservé, de l'écuyer d'Alphonse d'Aragon. Son costume est très-curieux, parce qu'il montre que ces plis si réguliers, qu'on remarque dans certaines statues du temps, sont la vérité même, et étaient rembourrés d'étoupe. J'en ferai un dessin pour vous l'envoyer.

Vous ai-je dit, dans ma dernière lettre, qu'un ami m'a acheté, à Grenade, une étoffe arabe? Elle est d'un dessin charmant, d'un goût exquis, et, sans aucun doute, de fabrique grenadine.

Amitiés pour vous et pour Beaumont.

FORTUNY.

A Monsieur W. Stewart.

Portici, 4 septembre 1874.

Mon cher Monsieur Guillermo...

Nous voici depuis deux mois prenant les bains de mer, et jouissant de ce beau pays...

...Notre vie est si monotone que la principale distraction pour les grands et pour les petits est le *Pulcinella*...

Votre ami

FORTUNY.

Le *Pulcinella* napolitain, devant lequel figure un groupe de dames et d'enfants, est le sujet d'un charmant dessin à la plume qui figure dans cette lettre; elle est en outre enrichie de deux autres croquis enlevés avec une verve remarquable; le premier représente une vue de Portici, avec le Vésuve dans le fond; le second, deux enfants au bord de la mer.

Fortuny écrit ensuite à un de ses compatriotes fixé à Rome; la perspective du retour dans cette ville l'effraye déjà.

A Monsieur Moragas.

Portici, septembre 1874.

Cher ami Moragas,

... Nous sommes toujours très-bien dans ce magnifique pays, où les sujets abondent: j'ai bien travaillé, et j'espère ne pas perdre mon temps. Je regrette d'être obligé de retourner à Rome pour l'hiver, parce que nous sommes mieux ici, et surtout parce que je pourrais y peindre quelques sujets nouveaux...

Ton ami.

FORTUNY.

A Monsieur le Baron Davillier.

Portici, 16 septembre 1874.

J'ai reçu, mon cher ami, votre longue lettre, qui m'a fait passer des moments bien agréables. Ici nous continuons notre même genre de vie : moi travaillant tant que je peux, puisque c'est mon seul plaisir; le reste de la famille continuant ses bains de mer, et s'en trouvant très-bien. J'ai reçu ces jours-ci de bonnes nouvelles au sujet de mes tableaux, de manière qu'il ne serait pas impossible que j'allasse vous voir d'ici à deux mois.

J'ai senti ces jours derniers se réveiller chez moi des

symptômes de ma passion pour les antiquailles ; mais j'ai la ferme volonté d'étouffer ces tentatives d'infidélité, tout en laissant couver le feu sous la cendre pour un temps où j'aurai plus de loisirs. Vous verrez comme un reflet de ces velléités dans la présente lettre, où je vous envoie le croquis d'un coffret d'ivoire... qui, pour vous dire vrai, ne m'inspire pas beaucoup de confiance... Un ami m'a envoyé d'Assise, pour le jour de ma fête, quelques fragments d'armes d'une valeur insignifiante, mais d'un grand intérêt pour moi, un pommeau d'épée, et un poignard qui a été trouvé enfoncé dans un crâne ; je le crois du quatorzième siècle. (Suivent les croquis.)

J'ai encore reçu un autre joli cadeau : c'est un coffret de bronze de la même époque, et d'une bonne conservation[1]... Dites-moi quelque chose sur l'exposition du costume... Vous voyez par le peu de nouvelles que je vous donne que nous menons une vie bien calme.

Votre ami

FORTUNY.

A Monsieur le Baron Davillier.

Portici, 29 septembre 1874.

Mon très-cher ami,

Je ne viens pas aujourd'hui répondre à votre longue lettre ; je veux seulement vous demander, à vous et à Beaumont, votre avis sur une épée qu'un de mes amis possède... (Suit le dessin de l'épée.) Elle me paraît assez belle, mais

1. La lettre contient deux dessins de ce coffret que Mme Fortuny venait de donner à son mari le jour de sa fête, et qu'elle a bien voulu m'offrir en souvenir de mon ami.

personne mieux que vous autres ne pourra m'éclairer à ce sujet...

Nous comptons rester ici jusqu'à la fin du mois prochain, et retourner ensuite à Rome. Si mon voyage à Paris ne s'arrange pas, je m'offrirai une petite excursion à Venise... Je compte vous écrire plus longuement un de ces jours.

Votre ami

FORTUNY.

A Monsieur Martin Rico.

Portici, octobre 1874.

Cher Martin...

Es-tu content de tes tableaux ? Quoi de neuf à Paris en fait de peinture ? Comment vont les amis ? Nous sommes encore ici, mais pour peu de temps, ce que je regrette beaucoup, parce que certainement je travaillerais ici plus qu'à Rome. Puisque je ne vais plus à Venise, j'irai peut-être voir un village près d'ici, très-pittoresque, paraît-il, et qu'on dit le plus beau d'Italie. Davillier le connaît aussi et me conseille d'y aller.

Souvenirs à tous.

A toi.

FORTUNY.

Fortuny renonça en effet au voyage de Venise. Depuis trois mois à peine qu'il était installé à Portici, il avait travaillé avec une énergie extraordinaire. Outre les deux tableaux importants dont on va lire la description qu'il m'envoyait, — description qui est un petit chef-d'œuvre, — il avait commencé un grand nombre d'études, dont une partie, malheureusement, sont restées inachevées. Je dois dire ici quelques mots d'un des tableaux dont Fortuny me parlait dans la lettre qui va suivre, une toile, me disait-il, « que je tâcherai d'ébaucher avant mon départ », en ayant soin d'ajouter : « mais ce n'est pas pour la vendre, car personne ne l'achèterait. » La toile en question est restée inachevée. Je ne saurais mieux faire, pour en donner une juste idée, que d'en emprunter la description à un excellent article récemment publié dans le *Journal officiel*, par M. Émile Bergerat. « Une esquisse étonnante et qui deviendra célèbre, c'est le *Boucher*. Devant un mur blanc, flagellé d'un rayon aveuglant, éclaboussé de sang, un bœuf est étendu, égorgé ; des enfants nus sont assis sur la bête. Diverses pièces de viande, rouges, roses, brunes, pendent aux crocs de l'étal, et, à gauche, le boucher, au crâne tondu ras et bleuâtre, sourit à son coutelas qu'il essuie. Aucune description ne saurait rendre la magnificence de cette étude qui, dans tous les temps, restera un chef-d'œuvre de peinture. »

Mais laissons la parole à Fortuny :

A Monsieur le Baron Davillier.

Portici, 9 octobre 1874.

Mon très-cher ami,

Je regrette bien de vous savoir souffrant, et de ne pas être à Paris pour vous tenir compagnie, car, à défaut d'esprit pour vous distraire, je pourrais au moins le faire en bavardant sur les antiquailles...

Au sujet de mes travaux je vous parlerai seulement de mon tableau, qui a 1 mètre 37 centimètres de large sur 72 de haut; il y a un bon nombre de figures; je ne sais trop quel nom lui donner. Comme c'est en quelque sorte le résumé de mon séjour d'été, ne pourrais-je pas l'appeler *Villégiature?* En effet, il y a des femmes sur l'herbe, des baigneurs qui se plongent dans la mer, les restes d'un vieux château, les murs d'un jardin, l'entrée d'un village, etc., etc. Tout cela en plein soleil, et sans en escamoter même un rayon; tout y est clair et gai; et comment pouvait-il en être autrement, puisque nous avons si heureusement passé notre été? Mon tableau n'est pas encore terminé; il me manque un mois de travail. J'en ai commencé un autre plus petit, avec les portraits de mes deux enfants, et de plus une quantité d'études détachées, ainsi que deux aquarelles : l'une passable, l'autre mauvaise.

J'ai en projet plusieurs autres choses, une surtout, que je tâcherai d'ébaucher avant mon départ; mais ce n'est pas pour la vendre, car personne ne l'achèterait; seulement je me payerai le luxe de peindre pour moi : c'est là la vraie peinture. Quant aux affaires (permettez-moi de vous en parler, car nous en avons bien des fois causé, et je crois que notre amitié m'y autorise), mes affaires vont bien; je dis *bien*, car on m'offre déjà 75,000 fr. pour mon tableau (la *Plage de Portici*); et il y a deux acheteurs : l'un qui est venu de Paris, et l'autre qui m'a écrit. Je crois que vous les connnaissez...

J'ai toujours oublié de vous parler de la prise que j'ai eue à votre sujet à mon arrivée avec un Sicilien, collectionneur d'*hispano-arabes*. Parlant de l'obscurité qui règne sur la question des *siculo-arabes*, il commença par me dire qu'elle était très-claire pour lui; qu'il y avait dans votre ouvrage[1] beaucoup d'erreurs relativement à la Sicile ; sur quoi je lui dis que je ne pouvais lui répondre, n'étant pas assez au courant. Mais n'ayant pas tardé à m'apercevoir qu'il était fort ignorant en matière d'antiquités, je soulevai la question des étoffes, et lui demandai s'il en avait de siculo-arabes; il me répondit affirmativement, et me parla surtout de devants d'autel ornés de corail, du temps des Normands, et d'autres objets du même genre; et comme je lui disais que j'étais très-amateur d'étoffes anciennes, il arriva peu de temps après avec un devant d'autel *normand* orné de corail. Jamais de ma vie je n'ai rien vu de plus baroque ni de plus grossier. Il semble impossible qu'il y ait des gens qui, sans avoir la moindre idée du style et du caractère des différentes époques, osent juger et acheter des objets d'art; aussi quand il reviendra, vais-je l'engager à écrire un livre sur les hispano-arabes, ne serait-ce que pour nous faire passer un bon moment de rire...

Un ami, qui a été à la Cava, près de Naples, m'a dit avoir vu dans l'église des manuscrits très-anciens; si j'ai le temps j'irai y faire un tour pour les voir, ainsi que le pays, qui est très-pittoresque. Je ne me rappelle plus le nom de cet endroit si curieux et si ancien dont vous m'avez parlé. Est-ce Amalfi?

Votre ami

FORTUNY.

1. *Histoire des Faïences hispano-moresques*. Paris, 1861, in-8°.

L'endroit curieux et ancien dont j'avais parlé à Fortuny est Ravello, village situé sur une hauteur, à peu de distance d'Amalfi. Il y fit une courte excursion en compagnie de ses compatriotes Tapiró et Ferrandiz. Le moment de quitter Portici approchait, et on verra par la lettre suivante que ce n'était qu'à regret qu'il se résignait à passer l'hiver dans « la vieille Rome ».

A Monsieur de Goyena.

Portici, 13 octobre 1874.

Mon cher Goyena,

J'ai eu de vos nouvelles par l'ami Davillier... Je ne sais de quelle commission vous charger pour Séville; seulement, amusez-vous beaucoup, et pensez quelquefois aux pauvres peintres obligés de passer l'hiver dans la vieille Rome. Il y a un siècle que je suis sans nouvelles de Rico... Je voudrais aller le voir à Venise; j'aurais aussi envie d'aller en Sicile pour voir le pendant de mon vase moresque, mais je ne sais si j'aurai le temps, voulant finir mon tableau pour la fin de l'année... Vous avez donc fait de bonnes vendanges? Je regrette de n'être pas amateur, pour vous demander quelques bouteilles de votre vin...

J'ai assez travaillé, et comme sûrement vous ne verrez pas mes tableaux, puisque vous ne pensez pas aller à Paris, je vous envoie quelques croquis des plus importants (importants relativement). J'ai une quantité de pochades, de croquis et d'études qui ne comptent pas. Cette province est la plus belle partie de l'Italie; elle ressemble beaucoup à l'Andalousie, mais avec plus de variété : aussi m'a-t-il fallu travailler, et renoncer à l'envie que j'avais de passer mon été couché sur le dos...

Un jeune Napolitain, de beaucoup de talent, a entrepris de faire mon buste ; il a assez bien réussi, mais comme mon effigie me déplaît, je la destine à servir de nid aux oiseaux, quand j'aurai mon atelier à Séville. Je vous en envoie un croquis...

Votre ami

FORTUNY.

Le croquis annoncé dans cette lettre, dont je dois la communication à l'obligeance de M. de Goyena, est un des deux portraits qui figurent en *fac-simile* au commencement de ce livre. L'autre est reproduit d'après un dessin appartenant à M. Federico de Madrazo, qui a bien voulu me l'envoyer de Madrid. Fortuny avait envoyé à plusieurs de ses amis des croquis d'après son buste, exécuté en terre cuite par le sculpteur napolitain de Gemito.

La même lettre contenait encore deux ravissants dessins à la plume, l'un représentant le tableau de la *Plage de Portici,* ou de la *Villégiature,* comme l'appelait Fortuny, et dont on vient de lire la description dans la lettre qu'il m'écrivait le 9 octobre. J'ai fait reproduire ce dessin pour le catalogue de la vente qui aura lieu le 26 avril de cette année, et où seront dispersés les ouvrages laissés par le grand artiste. L'autre dessin contenu dans la lettre adressée à M. de

Goyena, et dont je donne ici le *fac-simile,* représente *Deux enfants dans un salon japonais,* d'après un tableau qui malheureusement est resté inachevé. Fortuny avait peint ce tableau avec amour. Ses deux enfants, Maria-Luisa et Mariano, lui avaient servi de modèle.

A Monsieur le Baron Davillier.

Rome, 7 novembre 1874.

Cher ami,

Occupé des préparatifs de notre retour à Rome, j'ai négligé de vous écrire plus tôt... Je suis ravi de savoir que vous allez mieux... Me voici donc de nouveau, dans la *città eterna*, chagrin et ennuyé, sans envie de peindre, et avec la tête vide comme un nid sans oiseaux : — sans doute, ils se sont envolés à Portici, où j'ai si heureusement passé l'été. C'est particulier, ce que j'éprouve, et je vais le remarquant déjà depuis quelque temps : rien ne me dégoûte plus de l'art que de me trouver dans un centre artistique : lorsque, au contraire, je suis dans un endroit où il n'y a pas d'autres tableaux que ceux préparés par le susnommé (c'est de lui-même qu'il parle), je me sens de suite une foi et un enthousiasme comme à quinze ans. Et quand je pense qu'il y a des gens qui croient qu'on ne peut peindre qu'à Paris, à Rome et à Londres!

Parlons d'autre chose... Donc, vous saurez que j'ai vu et dessiné des plats arabes, sans doute faits en Espagne, et qui datent au moins du XIIIe siècle; c'est, je crois, un fait très-curieux pour nous autres, pour moi du moins, parce qu'ils sont beaucoup plus typiques et plus anciens que

Heliog^re Amand-Durand.

DEUX ENFANTS DANS UN SALON JAPONAIS.

d'après le dessin appartenant à Mr de Goyena.

Fortuny

ceux du musée de Cluny; ils sont d'un dessin précieux, et plus purs de style que tous ceux que nous avons vus : malheureusement, il n'y a que les fonds, et on voit qu'on les a coupés pour les mettre à la place où ils sont; vous les avez sans doute vus, mais sans les remarquer, car ils se confondent avec les mosaïques qui les entourent : je me réserve de vous dire dans ma prochaine où ils se trouvent, en vous en envoyant les dessins; en attendant, devinez-le : quand je vous dis qu'ils sont très-beaux, je sais ce que je dis.

Dreyfus est venu me voir avec un autre amateur d'étoffes anciennes : il m'a parlé de vous, ainsi que d'un tapis persan qui est à vendre, et dont il m'a promis de m'envoyer la photographie... Vous me l'achèteriez, si c'est possible.

Autre chose. Il y a ici un ... qui va cherchant des documents et des notes pour ma biographie, se servant pour cela de mon modèle (*Arlecchino*), qu'il paye vingt francs par séance : figurez-vous s'il doit lui raconter des sottises, afin de faire durer la chose longtemps! Je n'ai pu lui arracher son nom, car, naturellement, il craint de perdre sa veine; mais il me semble ridicule que, puisqu'il s'agit de moi, et que je suis à Rome, on aille demander des détails à d'autres...

Au sujet de mes travaux, rien de nouveau. J'avais cru pouvoir faire un petit voyage de quelques jours à Milan et à Venise, mais cela ne m'a pas été possible, et il faut que je me mette à travailler pour Du Boullay, et que je lui fasse ce que je lui ai promis en échange de son tapis.

Donnez-moi de vos nouvelles, et dites-moi comment se présente la saison...

Votre affectionné ami

FORTUNY.

J'aurais d'autres choses à vous écrire, mais il est très-tard, et ce sera pour ma prochaine.

Fortuny quitta Portici le 1er novembre, et arriva à Rome le 6. Le lendemain même, il prenait la plume pour me donner de ses nouvelles; on vient de lire sa lettre, la dernière, hélas! qu'il écrivit : elle montre assez le découragement qu'il éprouvait à son retour, et porte comme l'empreinte d'un pressentiment funeste. Peu de jours après, le 14, il éprouva un malaise, et ne tarda pas à se mettre au lit. On le croyait atteint d'une indisposition sans importance, et lui-même ne soupçonnait pas la gravité de son état; il fit, sans quitter le lit, des dessins à la plume, quelques-uns, notamment, d'après le masque de Beethoven. A son retour de Portici, il s'était mis, malgré le découragement qu'il éprouvait, à peindre dans son jardin; il prolongeait même son travail jusqu'à la chute du jour, malgré le danger qu'il y avait à séjourner si longtemps en plein air, sur un terrain bas, voisin du Tibre, et humide encore des pluies torrentielles de la semaine précédente. Sa maladie était pourtant des plus graves : c'était le retour d'une attaque de fièvre pernicieuse dont il avait déjà ressenti les atteintes en 1869, et que compliquaient des ulcérations de l'estomac. Cependant, les médecins ne désespéraient pas encore; malheureusement, le mal empira rapidement, malgré de fortes doses de quinine, et Fortuny expira, le 21 novembre 1874, à six heures du soir, étouffé par un vomissement de sang.

La nouvelle de la mort du grand artiste fut comme un coup de foudre dans la ville : il était tellement aimé de tous, que personne ne voulait croire à un pareil malheur : ce fut un deuil général. Il faudrait remonter à la date fatale du 6 avril 1520, pour trouver une pareille impression produite à Rome par la mort d'un jeune peintre. Chacun se disputa le triste honneur de porter le cercueil jusqu'à l'église de *Santa Maria del Popolo*, et de là au cimetière de *San Lorenzo fuori*. Le Syndic de Rome, l'Ambassadeur d'Espagne, le Directeur de l'Académie de France, celui de l'Académie de Naples, furent désignés pour tenir les quatre cordons du poêle.

Fortuny était d'une taille au-dessus de la moyenne, et d'apparence robuste ; la franchise et la loyauté de son caractère se reflétaient sur sa figure, à la fois belle et sympathique. Il avait horreur de l'étiquette et de la cérémonie, et sa timidité naturelle le rendait réservé, on pourrait presque dire un peu sauvage, avec ceux qu'il ne connaissait pas ; il se montrait au contraire très-expansif avec ceux qu'il aimait, évitant les banalités, et donnant un tour sérieux à la conversation. Entouré d'adulateurs nombreux, il savait faire, avec un tact extraordinaire, la distinction entre ses amis véritables et désintéressés, et les égoïstes, les spéculateurs et les faux frères. Quant à lui, c'était l'ami le plus sûr et le plus dévoué qu'on pût rencontrer; il méprisait l'envie, et ne céda jamais à un sentiment si bas.

Fortuny avait pour la musique un goût très-vif et très-pur : Mozart et Beethoven étaient les maîtres qu'il admirait le plus. Il aimait aussi beaucoup la lecture, surtout celle des historiens et des poëtes latins. On connaît sa passion pour la curiosité : sa collection, s'il avait vécu, n'eût pas tardé à devenir une des plus remarquables de l'Europe. Son habileté manuelle était merveilleuse, comme le montre l'épée moresque forgée par lui, et dont la poignée, damasquinée d'argent et sculptée en ivoire, égale les plus beaux travaux anciens.

Je n'ai pas l'autorité nécessaire pour juger le talent de Fortuny; chacun sait combien son individualité était prononcée; s'il a beaucoup d'imitateurs, on peut dire qu'il n'a jamais cherché à imiter personne. Je n'ajouterai donc rien après ce qu'en ont dit Théophile Gautier et Henri Regnault; bon nombre d'artistes contemporains, — je parle de ceux qui tiennent le premier rang, — partagent leur sentiment, et, sans nul doute, la postérité confirmera le jugement porté par eux sur un des peintres les plus extraordinaires qui aient existé.

FIN.

CATALOGUE

DES PRINCIPAUX

TABLEAUX ET AQUARELLES

DE

FORTUNY

CATALOGUE

DES PRINCIPAUX

TABLEAUX ET AQUARELLES

DE

FORTUNY[1]

1854.

TABLEAUX.

Une *Gloire*, pour l'église de *San Agustin* (Barcelone).

Cette grande toile à la détrempe est détruite. M. Galceran, de Barcelone, en possède une esquisse.

1855.

Apparition de la Vierge de la Miséricorde.

M. Soberano (Reus).

1. Quelques-uns des tableaux qui figurent dans ce catalogue font partie de la vente de l'Œuvre posthume de Fortuny.

Saint Paul devant l'Aréopage d'Athènes.

MUSÉE PROVINCIAL (Barcelone).

1856.

Charles d'Anjou sur la plage de Naples.

Tableau de concours. MUSÉE PROVINCIAL (Barcelone).

1857.

Raymond Béranger III clouant l'écusson de Barcelone sur la tour du Château de Foix.

Tableau qui obtint le prix de Rome. MUSÉE PROVINCIAL (Barcelone).

1858.

Vue du Tibre.
Néréides sur un lac.

1859.

Saint Mariano.
Bacchantes.

1860.

Nombreuses études du Maroc : tableaux, aquarelles, etc.

1861.

Arabes dansant.

M. CHARTRAND (Cuba).

Odalisque.

Envoi de Rome. MUSÉE PROVINCIAL (Barcelone).

Il Contino (le Petit Comte).

Envoi de Rome. Musée Provincial (Barcelone).

Tête de nègre.

M. W. Stewart (Paris).

1862.

Dix-sept figures d'après nature.

Envoi de Rome. Musée Provincial (Barcelone).

Nombreuses études du Maroc (second voyage).

Musée Provincial (Barcelone).

1863.

La Bataille de Tétouan (ou *Wad-Ras*).

Musée Provincial (Barcelone).

Fantasia arabe.

M. Palau (Barcelone).

Sentinelle arabe.

M. D'Arthez (Tarragone).

Trois Odalisques.

Arabe ferrant un âne.

M. Sanz (Madrid).

L'Amateur d'estampes.

M. W. Stewart (Paris).

1865.

Portrait de femme.

M. James H. Stebbins (Paris)

AQUARELLES.

Une Mare près Tanger.

M. Goupil (Paris).

1866.

TABLEAUX.

Les Amateurs d'estampes.

AQUARELLES.

Paysanne romaine.

M. Murrieta (Londres).

Vieillard avec des chiens.

M. Cutting (New-York).

Un Concert.

M. de Goyena (Séville).

Les Masques.

M. de Goyena (Séville).

Porte-étendard.

M. Hasletine (Rome).

Les Masques.

M. W. Stewart (Paris).

Paysanne romaine.

M. W. Stewart (Paris).

Vieux Paysan romain.

M. W. Stewart (Paris).

Le Café des Hirondelles.

M. W. Stewart (Paris).

1867.

TABLEAUX.

Fantasia arabe.

M. W. Stewart (Paris).

Les Antiquaires.

M. W. Stewart (Paris).

Faust et Marguerite.

M. Ramon Errazu (Paris).

AQUARELLES.

Manola.

M. Borie (Philadelphie).

Persan.

M. Errazu (Paris).

Arabe.

M. Cusino (Pérou).

L'Homme au casque.

M. Goupil (Paris).

Le Papillon (la Mariposa).

M. de Goyena (Séville).

1868.

TABLEAUX.

Le Papillon (la Mariposa).

M. Federico de Madrazo (Madrid).

La Sortie de la Procession.

M. Murrieta (Londres).

Répétition du même tableau.

Arabes donnant à manger à un vautour.

M. Gargollo (Madrid).

La Plaza de Toros de Séville.

Le Brindis del Espada (Salut du Torero).

La Porte de l'église de San Ginés.

M. Federico de Madrazo (Madrid).

Arabe assis.

M. de Goyena (Séville).

AQUARELLES.

Un Éventail (le seul que Fortuny ait peint).

M. Gargollo (Madrid).

Idylle.

M. Ramon Errazu (Paris).

Le Carnaval.

M. Ayala.

Le Papillon (la Mariposa).

M. Gargollo (Madrid).

1869.

TABLEAUX.

Vieillard à mi-corps.

M. Ramon Errazu (Paris).

AQUARELLES.

Une Rue au Maroc.

M. W. Stewart (Paris).

Arabe couché.

M. W. Stewart (Paris).

1870.

TABLEAUX.

Le Mariage espagnol (la Vicaría).

Mme de Cassin (Paris).

Les Charmeurs de serpents.

M. Ed. André (Paris).

Même sujet.

M. A. T. Stewart (New-York).

L'Escalier de la Casa de Pilatos (Séville).

L'Ivrogne.

M. W. Stewart (Paris).

AQUARELLES.

La Bibliothèque.

M. Murrieta (Londres).

Torero.

M. Le Roy (Paris).

Chameau au repos.

M. Wolff (États-Unis).

Le Marchand de tapis.

M. Murrieta (Londres).

1871.

TABLEAUX.

Arquebusier.

M. W. Stewart (Paris).

Le Tribunal de l'Alhambra.

M. W. Stewart (Paris).

La Halte des Voyageurs (ou *Retour au couvent*).

M. W. Stewart (Paris).

La Sieste.

M. James H. Stebbins (Paris).

Vieillard à mi-corps.

M. Ramon Errazu (Paris).

Le Patio de los Arrayanes (*Cour des Myrtes*).

Les Cavaliers (souvenir du Maroc).

La Lecture dans un café.

M. Cutting (New-York).

AQUARELLES.

Arquebusier.

M. d'Épinay (Rome).

Le Patio de la Casa del Chapiz, à Grenade.

1872.

TABLEAUX.

Boutique de fruitier à Grenade.

M. W. Stewart (Paris).

Étude de poules.

M. W. Stewart (Paris).

Le Déjeuner.

M. Borie (États-Unis).

AQUARELLES.

Arabe en prière.

M. Oppenheim (Paris).

1873.

TABLEAUX.

L'Ayuntamiento Viejo (Ancien Hôtel de ville de Grenade).

M. Gibson (New-York).

La Via Giulia (Rome).

1874.

TABLEAUX.

Les Académiciens de Saint-Luc choisissant un modèle (la Modela).

M. W. Stewart (Paris).

La Répétition dans un Jardin (le Jardin des Poëtes arcadiens).

M. Heeren (Paris).

Arabe à cheval.

M. Ramon Errazu (Paris).

Arabe appuyé sur un tapis.

M. Murrieta (Londres).

La Plage de Portici.

Une Femme dans un jardin.

M. Murrieta (Londres).

Deux Enfants dans un salon japonais (le fils et la fille de Fortuny).

Le Boucher.

AQUARELLES.

Portrait de Madame Fortuny.

Portrait de Madame Agrasot.

M. Agrasot (Rome).

TABLE DES MATIÈRES

VI

1874

JANVIER — JUIN

VII

1874

JUIN — NOVEM

A PARIS

DES PRESSES DE D. JOUAUST

Imprimeur breveté

RUE SAINT-HONORÉ, 338

M DCCC LXXV

www.ingramcontent.com/pod-product-compliance
Ingram Content Group UK Ltd.
Pitfield, Milton Keynes, MK11 3LW, UK
UKHW020557180726
13838UKWH00001B/305

9 782329 397634